体育强国目标下的我国西部地区体育事业发展战略研究

石云龙 著

中国社会科学出版社

图书在版编目（CIP）数据

体育强国目标下的我国西部地区体育事业发展战略研究/石云龙著.
—北京：中国社会科学出版社，2015.9
ISBN 978 - 7 - 5161 - 6521 - 8

Ⅰ.①体… Ⅱ.①石… Ⅲ.①体育事业—发展战略—研究—西北
地区②体育事业—发展战略—研究—西南地区
Ⅳ.①G812.7

中国版本图书馆 CIP 数据核字（2015）第 159974 号

出 版 人　赵剑英
责任编辑　赵　丽
责任校对　朱妍洁
责任印制　王　超

出　　版　中国社会科学出版社
社　　址　北京鼓楼西大街甲 158 号
邮　　编　100720
网　　址　http://www.csspw.cn
发 行 部　010 - 84083685
门 市 部　010 - 84029450
经　　销　新华书店及其他书店

印刷装订　三河市君旺印务有限公司
版　　次　2015 年 9 月第 1 版
印　　次　2015 年 9 月第 1 次印刷

开　　本　710×1000　1/16
印　　张　12.25
字　　数　220 千字
定　　价　45.00 元

前　言

众所周知，我国西部地区有四川、重庆、贵州、云南、西藏、陕西、甘肃、青海、宁夏、新疆、广西、内蒙古 12 个省市区，地域幅员广阔、资源丰富，然而由于经济条件的限制，社会发展的速度与规模明显低于我国其他地区。随着西部大开发战略的实施，我国西部地区体育事业发展的各项工作现正处于快速发展阶段。体育强国是近百年来几代国人的梦想，从地域或地区的角度来看，体育强国梦想与目标的实现，离不开我国西部地区体育事业快速发展的战略支持，并占有举足轻重的地位；从发展战略的角度来看，西部地区体育事业的发展实现体育强国目标的发展战略既是国家发展战略重要的组成部分，也是实现体育强国目标的基础，两者既相互依存，又相辅相成；从西部地区体育事业自身的发展来看，西部地区体育事业发展战略研究是实现本地区体育事业快速发展的全局与局部、长期和近期、途径与措施等战略设计成效的关键所在。

《体育强国目标下的我国西部地区体育事业发展战略研究》系国家社会科学研究基金项目"体育强国目标下的区域体育发展战略研究"的子课题内容，其研究是把西部地区 12 个省市区的体育事业作为一个整体来研究和分析，其目的就是要快速提升西部地区体育事业发展水平，为我国西部地区的社会经济发展及实现体育强国目标服务，为快速实现我国体育强国目标注入新动力。通过系统研究和分析，反映出西部地区体育事业的发展现状与水平，说明了西部地区体育事业发展对于实现体育强国目标的重要性，以及西部地区体育事业自身发展与实现体育强国目标任务的阶段性和艰巨性，得出只有西部地区体育事业快速发展，才能缩短西部地区与我国其他地区体育事业发展的差距，只有加快西部地区由体育事业弱势区域向体育事业优势区域转化的速度，才能加快向体育强国目标迈进进程的结论。通过采用区域经济学理论与西部地区体育事业发展相结合的研究方法，重点探索我国西部地区体育事业发展规律以及为实现体育强国目标服务的战略途径，主要解决西部地区体育事业发展要素的整合、社会效益和经济效益最大化、缩短差距与协调共进、构建发展模式与发展战略等问题。《体育强国目标下的我国西部地区体育事业发展战略研究》采用多角度、多维度、多层次、多理论的研究意义不仅在于为西部地区的体育事业提供一个快速发展的理论操作模式，而且还在于为西部地区体育事业发展战略提供决策参考，为实现体育强国目标提供理论借鉴。

本书从 2010 年 6 月开始写作，历时整整三年，于 2012 年 9 月进入统稿与收尾阶段。在研究期间完成 4 篇论文，1 个研究报告。研究成果获得部分西部地区省市区体育局负责人和专家学者的肯定与好评，并且研究成果作为《体育强国目标下的区域体育发展战略研究》内容获得国家社科基金办结题评选优秀奖。

本书主审为国家社会科学研究基金项目"体育强国目标下的区域体育发展战略研究"主持人沈阳师范大学邹师教授，运用区域经济学理论内容的审验由沈阳师范大学王志文教授完成。资料的收集与整理由沈阳师范大学李安娜副教授完成。这里一并向上述付出心血的专家、同事表示由衷的感谢！

本书涉及的研究内容和区域比较宽泛，由于条件限制，只能到西部地区部分省市区调研，所以调查研究的范围略显不足；由于受时间限制，对于我国西部地区体育事业发展战略的设计与走向的理论可行性描述仅得到西部地区部分省市区一级政府体育单位和部门的反馈意见，鉴于部分省市区实地调研的具体体育规划数据不便于公开发表，具体能否适合西部地区体育事业发展的需要，还有待于通过西部地区省市区体育部门的实践来检验。同时，为了使本书的研究能够进一步深入，真诚期望有关专家、学者及各方人士做出评论、指正。

石云龙

2014 年 5 月

目　录

绪　　论

一　问题的提出

体育作为富强国家和强身健体的一种社会活动手段，在国家、民族、社会的发展过程中起着特殊的历史作用。自 20 世纪 80 年代我国改革开放以来，我国体育事业在党和政府的大力支持下获得了蓬勃发展。2008 年北京奥运会的成功举办以及我国体育健儿在此次盛会中取得的优异成绩，为我国体育事业的发展勾画了一个时代符号，并将我国体育事业的发展推向了一个新的起点。

"推动我国由体育大国向体育强国迈进"的奋斗目标是我们国家在 21 世纪中叶实现社会主义现代化强国总体构想下对体育事业发展的战略思考与战略设计，总体上服从和服务于国家的文化、教育、经济、军事、政治等强国战略。

中国共产党第十八届代表大会明确提出，到 2020 年全面建成小康社会，全面推进社会主义现代化建设。体育作为一种文化，在实现全面建成小康社会的过程中，起着振奋民心、凝聚民族精神、强身健体的特殊作用。要实现我国由体育大国向体育强国迈进的奋斗目标，需要对我国体育事业发展进行全局和长远的谋划，要从实际出发，结合各地具体情况，进行缜密的战略思考。改革开放 30 余年来，我国不仅在经济、社会发展中取得了丰硕成果，并且在体育战线上突飞猛进，高奏凯歌。我国体育事业的快速发展证明，我国体育事业的发展必须坚持走"举国体制"的中国社会主义特色道路。我国体育事业发展战略相继在 20 世纪 70 年代末提出"在本世纪内成为世界上体育最发达国家之一"的奋斗目标；80 年代提出"奥林匹克战略"，"以革命化为灵魂，以社会化和科学化为两翼，实现体育腾飞"的战略指导思想；90 年代提出"实现由计划经济体制下的体育体制向与社会主义市场经济体制相适应的体育体制的转变"等不同阶段的具体要求。从整体上来看，我国体育事业发展战略经历了"20 世纪 70 年代末 80 年代初奥林匹克战略的制定与实施"，"80 年代中期体育社会化战略的制定与实施"，"90 年代初体育市场化改革战略的制定与实施"这 3 个重要阶段。

我国体育事业发展所走的特色道路说明，体育事业发展必须与社会经济发展相协调以及必须坚持竞技体育、群众体育、体育产业等事业融合协调发展。"奥林匹克战略""体育社会化战略""体育市场化战略"的实施是我国体育事业发展战略的科学选择，是取得体育大国地位的基石与核心。

区域体育发展战略研究是以部分省市区为主体进行的区域体育事业发展战略研究，根据区域内的体育事业发展实际情况，对该区域的体育事业发展进行全局性、高层次的宏观设计与谋划研究。

我国西部地区关于体育事业发展战略的研究始于 20 世纪 80 年代中期，所研究的内容仅限于单一省市区的单项体育事业发展战略，研究的结果既显单薄，又相对孤立。自国家实施"西部大开发战略"以来，伴随着《国民经济和社会发展第十二个五年规划纲要》（以下简称"十二五"规划）的实施，一些有利于西部地区发展的利好政策为西部的快速发展提供了坚实的政策保障。西部地区 12 个省市区的体育事业发展是实现体育强国目标的重要组成部分，如何就前 30 年西部地区取得的体育事业发展业绩状况，给西部地区体育事业发展一个准确的定位就显得十分关键。体育强国建立在体育大国基础上，体育大国建立在国家内部的体育强省基础上，体育强省建立在体育大省之上。西部地区的体育事业发展在国内是处于强，或者处于大的什么位置上，还需要前期的仔细研究。只有定好位，站好起点位置，评价当前优势、分析潜在优势，就如何发展，取得一个什么效果，制定一个切合实际，既能达到实现体育强国目标，又能够提供有力支撑的科学发展战略是当前西部地区各省市区体育事业发展迫切需要解决的问题。

本书以实现体育强国目标为指南，以区域体育事业发展战略为关键词，结合区域经济学理论，将西部地区体育事业发展现有成就与西部地区社会经济发展状况相联系，挖掘西部地区体育事业发展战略研究深度，探索西部地区体育事业快速发展战略模式，构建了推进实现体育强国目标进程的西部地区体育事业发展的新战略。

二　研究视角与研究意义

（一）研究视角

本书紧紧把握我国经济社会发展总体目标，依托我国东部先行、西部开发、东北振兴、中部崛起四大区域经济发展战略，对体育强国目标下区域体育发展战略展开研究。本书以西部地区 12 个省市区为主，构成研究的基本信息采集源，加以定量和定性分析，探索西部地区体育发展规律，寻求适合西部地区体育事业发挥优势的战略模式。区域体育发展战略研究既要坚持区域体育事业发展与经济社会发展相协调，又要坚持竞技体育、群众体育以及体育产业协调发展，坚持走"举国体制"的中国体育特色道路。本书借鉴区域经济学理论，探讨区域体育发展新的研究视角，旨在探索和建立西部地区体育事业快速发展的理论模式。

1. 以区域经济学理论为依据，探讨西部地区体育事业发展战略模式

区域经济学理论中最为基本的理论就是"增长极"理论。通过对区域经济增长极的研判，分析增长极周边地区的经济发展状况，归纳增长极周边经济发展特点，通过对优势与潜力的分析，发现整体地区的经济发展规律，依托增长极的扩散效应与集聚效应优势，进而确定以什么模式发展整个地区的经济水平。同理，分析西部地区的体育事业发展优势，确立体育事业发展的增长极区域并通过体育事业发展增长极的效应，重新建构西部地区体育事业发展模式，进而带动整个西部地区体育事业的快速发展。因此，区域经济学理论中的部分理论对探讨、构建西部地区体育事业快速发展模式起着至关重要的作用。

2. 西部地区经济发展状况与西部地区体育事业发展成就相结合，为制定西部地区体育事业发展战略打基础

我国体育事业的发展离不开各级政府的支持，"举国体制"为我国体育事业的发展提供了强有力的保障。国家经济实力的水平决定了体育事业发展的地位与水平。体育事业的发展必须依托经济社会的贡献。同时，体育事业发展的快慢也受到人文社会环境的制约。体育事业的发展与社会经济发展存在着千丝万缕的联系。只有定性分析西部地区经济对西部地区体育事业发展的支持力度，以及体育事业发展产生的成果，即将清财力资源的投入与体育产出的关系，才能为西部地区体育事业发展战略的制定提供保障。

3．以西部地区体育事业发展差异化为视角，探索体育事业发展内在规律，构建西部地区体育事业发展战略设想

区域体育事业的发展本身就存在着强弱、快慢的区别这一客观事实。对具体的区域体育事业发展情况进行分析、对比，得出差距结论，是很多体育研究中经常采用的方法。分析西部地区体育事业发展的差异、差距的目的就是要了解西部地区体育事业发展的优势及其具有的发展潜力，为进一步地发挥优势、挖掘潜在的发展力量、进行可持续发展提供可靠数据，进而为构建西部地区体育事业发展战略服务。

（二）研究意义

区域体育事业发展是我国体育事业发展的重要组成部分。区域体育事业发展战略要为实现体育强国目标服务，体育强国目标的实现离不开区域体育事业发展的战略支持。我国西部地区体育事业发展战略研究的意义在于：第一，以我国西部地区体育事业发展的现有成就为基础，分析优势及潜在发展能力，探索西部地区 12 个省市区体育事业发展的社会效益、经济效益的最大化与最优化；把西部地区作为一个整体来研究和判断，进行决策，进而体现我国西部地区体育事业发展的社会价值与对实现我国体育强国目标的贡献。第二，借鉴和运用区域经济学理论，创建我国西部地区体育事业发展战略模式，为我国体育事业发展研究提供新的理论研究视角。第三，通过体育事业发展战略研究与区域经济理论的相互融合、支撑、弥补，为我国西部地区的社会与经济发展服务，为快速实现我国体育强国目标注入新动力。

三　研究内容的逻辑关系

第一，需要界定如"地区、地域、战略、区域经济学理论"几个专有名词的含义、释义、要素，明确指出研究的范围与意义所在。

第二，体育强国目标的实现要求区域强，区域强则意味着以行政区域划分的省市区强，省市区行政区域的体育事业发展强大，则国家体育事业强大，也只有在各省市区行政区域的体育事业发展强大的基础上，才能实现我国的体育强国目标。

第三，以大量有关西部地区体育事业发展的文献和数据以及西部地区经济发展数据为支撑，结合影响西部地区体育事业发展的要素，从自然禀赋、区域条件、经济、人力资源、社会与文化环境 5 个方面出发，就西部

地区的竞技体育事业、群众体育事业、体育产业等体育事业发展成效进行量化对比研究，得出优势、劣势、发展潜力等结论，力求全面展现我国西部地区体育事业发展的全貌。

第四，紧紧围绕我国体育强国目标，把握我国社会发展总体目标，以西部地区体育事业发展为背景，依托西部地区体育事业发展潜力，根据区域经济学发展理论，从西部地区体育事业发展状况、区域经济、社会发展和文化等多个角度考量西部地区体育事业发展的差异与趋势，探索研究西部地区体育事业发展规律，尝试建立适合西部地区体育事业发展且能为实现我国体育强国目标服务的西部地区体育事业发展理论模式。

第五，通过基础发展对比研究、基础发展与社会经济发展相结合、区域经济学理论的时间与空间发展模式选择、发展战略4个层次的研究，构建我国西部地区体育事业发展的战略目标、战略重点、战略方针、战略部署、战略措施等战略框架。

四　研究方法

（一）文献资料法

收集西部地区前期体育事业研究成果，重点收集西部地区各省市区体育事业发展成就数据，各省市区体育事业发展规划以及专题战略研讨成果，进行文献综述。

（二）专家访谈法

访谈国家体育总局、西部地区各省市体育局参与决策的官员、专家学者。

（三）实地调查法

走访调查西部地区部分省市区，了解当地体育事业发展实际情况，为研究提供实证分析，完善研究内容，矫正研究方向，修整战略研究构成。

（四）比较分析法

根据西部地区各省市区体育事业发展数据、经济发展数据，纵向与地区内部各省市区体育事业发展状况对比，横向与本地区经济发展数据对比，中间穿插西部地区社会人文环境、区位条件、人力与物力资源等要素综合对比，进行多角度、多层面的优势和发展潜力的比较分析。

（五）预测法

根据对比研究成果，对西部地区体育事业发展的趋势和走向进行预测，预测西部地区体育事业发展前景。

五   研究指标体系

根据研究目的以及我国体育事业构成情况，本书将西部地区体育事业发展研究内容的指标划分为竞技体育事业发展、群众体育事业发展、体育产业发展、体育事业发展战略 4 个指标体系。

（一）我国西部地区竞技体育事业发展研究指标体系

1．奥运会和全运会奖牌数指标

（1）西部地区各省市区在 2004 年雅典奥运会和 2008 年北京奥运会上获得金银铜牌的数量

（2）西部地区各省市区在 2001 年广东第九届全运会、2005 年江苏第十届全运会、2009 年山东第十一届全运会上获得金银铜牌的数量

（3）西部地区各省市区在国内外重大赛事上所获奖牌的地域特征

（4）西部地区各省市区竞技体育事业发展水平

（5）西部地区各省市区竞技体育事业发展的区域分布

（6）西部地区各省市区的优势项目与优势项目地域分布

2．西部地区社会人文与经济指标

（1）自然禀赋

（2）国民生产总值

（3）政府经济投入

（4）体育专业资源

（5）体育环境与氛围

（二）我国西部地区群众体育事业发展研究指标体系

1．西部地区群众体育事业发展的政府支持力

（1）政府财政拨款

（2）政府投资援建体育场馆设施数量与人口数量匹配

（3）事业支出体育场馆费用额度与人均体育场馆费用

（4）政府群众体育费用额度与人均群众体育费用

2．西部地区群众体育事业发展的人员素质与组织

（1）与国民体质状况有关的西部国民体质综合指数和人口平均预期寿命

（2）公益性社会体育指导员、晨晚练站点、体育俱乐部、体育社团

等的数量

（3）乡镇政府体育组织、乡镇群众性体育组织、乡镇群众体育环境、乡镇群众体育观念与意识

（三）我国西部地区体育产业发展研究指标体系

1．西部地区体育建筑业

（1）政府援建体育场馆

（2）政府援建体育场馆拉动就业

（3）全民健身活动设施

2．体育用品制造业

3．西部地区体育彩票业

4．西部地区体育产业经营业

（1）西部地区体育产业经营实体

（2）西部地区体育产业经营效益

5．西部地区体育旅游业

（四）西部地区体育事业发展战略指标结构体系

1．西部大开发的机遇

2．实现体育强国目标的目的

3．西部地区各项体育事业的发展战略

4．战略构成的科学评判

（1）战略定位

（2）战略优势

（3）战略层次

（4）发展模式

（5）战略目标

（6）战略部署

（7）战略措施

六　写作过程

本书从 2010 年 6 月开始写作，经历研究思路设计、文献综述、西部地区各项体育事业现状分析、创建西部地区体育事业快速发展模式、校对西部地区体育事业发展模式、制定西部地区体育事业发展战略、实地调研、征求专家和学者意见、完善与修正研究内容共 9 个研究阶段，最终完成本稿。

第一章 我国西部地区体育事业发展研究文献综述

第一节 我国西部地区最具代表性三省市体育研究文献概述

就目前我国西部地区而言，重庆、四川和陕西三省市经济与社会发展的规模与总量、各项体育事业发展的水平，明显高于西部地区其他9个省区。通过设定条件进行检索，西部地区12个省市区体育类文献相当丰富，总体上处于西南地区的四川，中西部的重庆，西北部的陕西，文献资料明显多于其他9个省区，其内容比较丰富，并且基本能够反映西部地区体育事业发展的研究现状。基于地区经济发展程度、地区影响力、体育事业发展与体育研究文献的贡献率，地理位置、社会资源、自然资源等因素，本章先将我国西部地区体育事业发展研究文献综述的对象确定为重庆、四川、陕西3个省市，进行前期的文献概述，为整个西部地区体育事业发展研究文献综述打好基础，做好铺垫。

一 西部地区三省市体育研究文献数量（2000—2010年）

（一）陕西省

1. 竞技体育：6篇

2. 群众体育：9篇

3. 体育产业：14篇

4. 发展规划：2篇

5. 省域整体：0篇

6. 其他相关：9篇

7. 经济数据：18篇

合计：58 篇

（二）四川省

1. 竞技体育：3 篇

2. 群众体育：2 篇

3. 体育产业：18 篇

4. 发展规划：3 篇

5. 省域整体：0 篇

6. 其他相关：2 篇

7. 经济数据：17 篇

合计：45 篇

（三）重庆市

1. 竞技体育：5 篇

2. 群众体育：4 篇

3. 体育产业：19 篇

4. 发展规划：3 篇

5. 省域整体：0 篇

6. 其他相关：2 篇

7. 经济数据：4 篇

合计：37 篇

（四）西部地区三省市整体文献

1. 体育产业：6 篇

2. 发展战略：2 篇

3. 其他相关：1 篇

合计：9 篇

（五）国家区域战略与规划文献

1. 国家各区域：1 篇

2. “十一五”和“十二五”规划：2 篇

3. 著作：1 部

4. 合计：4 篇（部）

总计：153 篇（部）

二　西部地区三省市体育基础性研究文献

（一）陕西省

1. 竞技体育

（1）陕西省竞技体育发展模式的内部影响因素研究

主要内容或观点：内外部影响因素。具体表现为科学化管理水平低，规章制度不完善，运行机制不顺畅和管理机构设置不健全等。包括了经费投入与来源问题，项目的设置，教练员学历、职称、运动技术等级以及对岗位喜好程度，运动员文化程度就业和社会保障，体育科研与训练脱节，后备人才培养和体育场馆设施，市场化和职业化等方面。

运用经济学等相关理论情况：无。

（2）陕西省竞技体育发展态势研究

主要内容或观点：优势项目数量过少，夺金点单一，运动队管理水平亟待提高，体育科研发展缓慢，训练的科学化水平不高，竞技体育后备人才基础薄弱。

运用经济学等相关理论情况：无。

（3）陕西省体育教练员和运动员现状调查

主要内容或观点：教练员人数、学历、年龄、职务等级；运动员各技术等级人数、项目分布。

运用经济学等相关理论情况：无。

（4）陕西省竞技体育可持续发展研究

主要内容或观点：优势项目有男子跳水、射击、射箭，男女武术套路、链球以及以男子为主的摔跤、赛艇。影响陕西省竞技体育发展的因素为陕西省竞技体育资源。具体划分为人力资源、有形资源和无形资源3个方面。

运用经济学等相关理论情况：无。

（5）陕西省体育运动学校，地、市级体育后备人才培养研究

主要内容或观点：生源质量、文化教学质量、经费、教练员素质、运动员出路等。陕西省体育运动学校的影响因素有社会转型期因素、教育体制改革因素、体育体制改革因素。

运用经济学等相关理论情况："实施非均衡协调发展战略，保持项目、时序、项群诸方面逐步推进的层次梯度性。"其表述仅有一句话。

2．群众体育

（1）陕西省部分城市锻炼者调查

主要内容或观点：锻炼者年龄、月体育消费水平、每周活动次数、社会指导员指导情况、对指导员的要求、对健身的认识、锻炼项目、阻碍参加锻炼的因素、健身消费观念等。

运用经济学等相关理论情况：无。

（2）陕西省农村体育人口现状的调查研究

主要内容或观点：农村体育人口构成、分布（文化、性别、年龄、可变性）、锻炼方式、健身设施、组织形式、健身认知。

运用经济学等相关理论情况：无。

（3）陕西省群众体育活动管理机制研究

主要内容或观点：性别、年龄、设施、项目、活动次数、观念与认知、社会指导员指导情况、组织管理。

运用经济学等相关理论情况：无。

3．体育产业

（1）陕西省体育产业发展战略研究

主要内容或观点：发展现状、体育产业结构、存在的问题与制约因素、发展战略目标与总体目标。

运用经济学等相关理论情况：无。

（2）对制约陕西省体育产业发展因素的分析

主要内容或观点：经济发展水平较低、缺乏发展资金、产业布局不均衡、结构不合理、体育市场主体不成熟、体育市场不完善、管理不规范、高素质专业人才匮乏。受社会经济发展水平、社会文化背景、传统消费习惯、体育产业体制和政策等因素制约。

运用经济学等相关理论情况：无。

（3）论陕西省体育产业的可持续发展研究

主要内容或观点：加大政府对体育产业的政策扶持。加速培育和完善市场体制，按市场经济规律来运作，争取银行投资体育产业。结合陕西省地方特点，促进体育旅游和民族传统体育，实现体育产业的可持续发展。加强体育产业高素质人才的培养，全面实施"人才强体"战略。大力营造有利于体育产业发展的人文环境，开发消费市场，促使人们树立正确的体育消费观念。

运用经济学等相关理论情况：无。

（4）陕西省不同区域体育产业发展模式研究

主要内容或观点：陕西省不同区域体育产业模式的具体实施方案、陕南地区"绿色体育产业"发展模式、关中地区"多元化品牌体育产业"发展模式、陕北地区"红色体育产业"发展模式。提出陕西省体育产业的发展要以西安为中心，在区域内以城市为中心，走一条从城市到农村的特色产业发展之路。

运用经济学等相关理论情况：提到了集化区，增长级理论，简单论述，并未深入探讨。

（二）四川省

1．竞技体育

（1）西部地区大开发与四川体育发展对策研究

主要内容或观点：群众体育、竞技体育、体育产业等发展的缺失。

运用经济学等相关理论情况：无。

（2）四川省体育谋划新发展

主要内容或观点：全面回顾四川体育。

运用经济学等相关理论情况：无。

2．群众体育

四川省农村体育现状调查

主要内容或观点：围绕体育人口现状、对体育的了解现状、体育设施现状、参加体育活动的人群和目的、活动项目、体育消费水平、活动次数等指标开展调查。提出充分认识农村体育发展的必要性、农村体育的开展方式应有新突破（因地制宜、改善条件、利用节日）、农村体育的管理方式应有新变化（乡镇要建立文化体育站、要建设村级文化体育活动室、培养农村体育骨干）。

运用经济学等相关理论情况：无。

3．体育产业

（1）四川省发展体育旅游的 SWOT 分析及对策研究

主要内容或观点：SWOT 分析法是在进行区域旅游规划和制定区域旅游发展战略时，了解区域旅游发展各项影响因素的一种切实可行的研究方法。所谓 SWOT 分析法就是指对区域旅游发展的优势条件（Strengths）、劣势（Weakness）、发展机遇（Opportunists）和威胁因素（Threat）进行分析。优势分析：四川适宜开展体育旅游的资源极其丰富、政策优势、旅游媒介优势、气候优势。劣势分析：经济发展相对落后的省内体育旅游需求不足、体育消费观念和消费行为的制约、体育旅游产品开发不力、缺乏高素质的体育旅游人才、宣传促销力度不够。机遇分析：国内外体育旅游热潮的兴起、西部地区大开发的优惠政策、人们生活水平提高、消费群体逐渐增多、北京奥运契机、入世契机。威胁分析：激烈的竞争环境、市场化运作机制不完善、投资产品单一、体育旅游给环境带来一定的负面效应。

运用经济学等相关理论情况：无。

（2）四川省体育产业发展现状及其对策分析

主要内容或观点：经营体育竞赛表演业不得要领，全民健身服务业还没有得到应有的重视，权责明确的场馆管理与经营体制还未建立，体育产业人才缺乏。其对策是以政府为先导，带动体育产业初步发展，发挥集聚效益，走共同发展的道路，突出重点产业，实现体育产业的跨越式发展，壮大新兴产业，推进体育产业的多元化发展，稳步推进全省体育管理体制改革和机制创新；明确政府和社会的事权划分，实行管办分离，加大体育产业宏观管理力度，拓展投融资渠道，鼓励民间和外资进入体育产业；培养体育产业经营人才，提高体育产业管理水平，加快体育产业信息化进程。

运用经济学等相关理论情况：研究方法采用了 SWOT 分析法。

（三）重庆市

1. 竞技体育

（1）全面协同促进重庆市竞技体育水平发展

主要内容或观点：以重庆竞技体育为母系统，参照钻石模型理论，探讨竞技体育与其他子系统（战略、人才、资金、机制及科研等）的协同问题。

运用经济学等相关理论情况：无。

（2）重庆市竞技体育发展战略

主要内容或观点：第九届和第十届全运会奖牌统计、分布、与其他省份的差距。第一阶段（近期）：从选项上明确（以第十一届全运会为目标），确保优势项目；培植中长期项目；由政府牵头，社会承办项目；体教结合，项目分流。第二阶段（中长期）：从强势上发展（以第十二届全运会为目标），在第一阶段项目设置的基础上，重点围绕"闪光奖牌"的战略目标，从这些项目中培植强有力的金牌争夺点。对不具有可持续发展潜力的项目进行调整，同时从优势项目中牵带出具有发展潜力的分项目，强势发展。

运用经济学等相关理论情况：无。

（3）重庆市竞技体育影响因素

主要内容或观点：教练员、运动员、经费与待遇、制度（培养、奖励、科研、运动员保障、财政）。

运用经济学等相关理论情况：协同论，只进行了简单的解释；钻石模型理论，只是一句话，并未过多地进行描述和解释。

2. 群众体育

（1）重庆市农村群众体育锻炼现状调查与分析

主要内容或观点：重庆市农民日常参加体育锻炼活动的人群中男性多于女性，年龄跨度较大，文化水平差异大，大部分农民处于亚健康状态；参加体育活动时间安排无规律；活动方式以"独自锻炼"为主；活动项目多样，热爱自身传统项目，民族传统体育特色明显。重庆市区县农村地区农民对体育价值、相关政策、相关产业对体育的价值影响的认知存在着较大偏差；经济实力薄弱、体育消费偏低，场地设施不足；区乡镇政府对农村体育事业普遍重视不足，人民群众对相关职能部门的工作评价不高。

运用经济学等相关理论情况：无。

（2）重庆市城市社区体育现状调查与对策研究

主要内容或观点：城市社区居民体育健身活动参与者的职业、性别、年龄状况，健身动机及影响因素，体育健身时间和次数，体育健身场所选择差异，锻炼项目情况，居民体育消费额度和居民体育消费种类，社区体育经费来源。

运用经济学等相关理论情况：无。

3. 体育产业

（1）重庆市体育产业管理中存在问题的分析

主要内容或观点：意识与政策措施不到位、发展不平衡、结构不合理、体育场馆设施建设缓慢。

运用经济学等相关理论情况：无。

（2）重庆市三大经济区体育产业的分区侧重发展研究

主要内容或观点：都市发达经济区、渝西经济走廊、三峡库区生态经济区。侧重发展：主城区的体育产业以体育服务为主，渝西经济走廊体育产业重点发展体育用品业，三峡库区体育产业打"自然"牌。

运用经济学等相关理论情况：无。

（3）重庆市体育产业发展的快速增长点研究

主要内容或观点：快速增长点包括体育旅游、体育赛事、体育彩票产业、发展体育休闲娱乐业。

运用经济学等相关理论情况：无。

（4）重庆市体育产业现状及快速发展增长点研究

主要内容或观点：三大经济圈（都市发达经济区、渝西经济走廊、三峡库区生态经济区）与增长点（体育旅游、体育赛事、体育彩票产业、发展体育休闲娱乐业）。

运用经济学等相关理论情况：引用"经济圈"概念，没有做表述。

三 西部地区三省市有关体育整体规划与战略实施文献的主要内容或观点

（一）西部地区体育战略重点抉择

从西部地区体育事业发展的经济和社会环境分析入手，得出西部地区体育的基本特征，进而确定西部大开发中体育战略的重点抉择。

提出了西部大开发体育发展战略的指导思想：因地制宜，分类指导，突出重点，稳扎稳打，逐步推进。

抓住西部大开发机遇，充分发挥体育多元化功能；加快基础设施建设，改善环境；发挥西部地区体育特色；体育人才资源开发；转换机制；推进体育产业化进程；把传统项目、优势项目作为发展西部地区竞技体育的突破口；广泛开展全民健身活动；促进体育事业协调发展。

（二）西部地区体育产业发展

西部地区体育旅游发展，依托少数民族传统体育，发展体育旅游的四种经营模式，拍卖经营管理权。

（三）西部地区体育产业发展规划

贯彻方针，明确目标，建设模式（经济带、"支撑点"和"增长极"、联动轴、区位优势、中心城市与网络节点）。

（四）三省市体育"十一五"发展规划

总体上，三省市都把群众体育、竞技体育、体育产业等作为共同发展的目标，其中四川和重庆把体育设施建设作为共同发展目标。不同的是，四川提出了管理体制与机制创新；而陕西提出了体育科技，体育教育与人才培养与体育发展环境。三省市既有共同点，又有不同点和侧重点。

（五）规划下的政府行为

1. 陕西省政府以建设大型奥林匹克体育中心和改造体育场馆为重点，组织实施一批建设项目，形成对体育事业和产业发展的有力支撑。

2. 重庆市政府一是加快推进"农民体育健身工程"；二是加快推进"社区体育健身工程"；三是加快推进"全民健身登山步道工程"；四是加快推进"全民健身服务工程"；五是加快推进"亿万青少年阳光体育工程"；六是加快推进"竞技体育后备人才培养工程"。

四 总体评述

（一）研究文章类别统计（2000—2010 年）

1. 竞技体育：14 篇

2. 群众体育：15 篇

3. 体育产业：51 篇

4. 发展规划：11 篇

5. 省域整体：0 篇

6. 其他相关：13 篇

7. 经济数据：39 篇

（二）主要研究内容

1. 竞技体育

西部地区三省市均对竞技体育的成绩、人力资源（教练员、运动员）现状、优势项目做了详细的剖析，肯定了自己现有的竞技体育模式，同时也分析了自身在管理体制、经费额度、科学研究等方面的不足。对本省市竞技体育发展对策、建议、战略与规划等方面的分析比较简单。关于本省市竞技体育的纵向研究较多，而与全国其他省市区进行横向比较的研究则很少。

2. 群众体育

西部地区三省市对群众体育的研究，主要集中在以下几个方面：对城市与农村参与体育健身的人员情况、活动项目分布、活动次数、健身观念与体育认知程度、健身消费等方面的情况进行了分析，并对存在的问题做了简单的分析；对支撑群众体育活动的体育设施数量、组织网络、管理方式、经费支持等方面的研究很少；对于开展群众体育活动的建议也是"头痛医头，脚疼医脚"，不能引起有关部门的关注与重视。

3．体育产业

从已获得检索文献的数量来看，同一省市有关体育产业的文献比竞技体育和群众体育的文献数量多出1倍，考虑地域特点，对体育旅游的论述较多。主要对本省市体育产业的现状以及存在的不足进行了详细的论述。对本省市体育产业的发展对策进行了简单叙述。对如何发展、怎样发展的战略分析明显不足。对体育产业发展研究多是单纯地进行自我纵向分析，横向比较与借鉴的研究几乎没有。西部地区三省市中只有重庆为体育产业制定了单独的产业发展规划。

4．发展规划

通过对西部地区三省市的"十一五"体育发展规划的分析了解到，三省市都把群众体育、竞技体育、体育产业等作为共同发展的目标，四川和重庆把体育设施建设作为共同发展目标。与此不同的是，四川提出了管理体制与机制创新；陕西提出了发展体育科技、体育教育、人才培养和体育发展环境。三省市的发展规划既有共同点，又有不同侧重点。

仅有一篇关于西部地区整体的体育产业发展规划方面的论文，将西部地区12个省市区作为整体考虑。

（三）研究方法与经济专有名词及理论的运用

上述153篇（部）科研文献仅有1篇采用SWOT分析法，对区域发展的优势、劣势、发展机遇和威胁因素进行了分析。一部分文献也有类似的论述，但是不完整，呈现片段状论述。

上述文献中有1篇文章引用了"协同论"理论，并在此基础上引用了"钻石模型理论"。对于上述"协同论"理论只是做了简单的解释，而"钻石模型理论"只是作为名词出现并未做出解释与说明。两个理论在文章内并未被运用，仅有立论而没有驳论，而且也没有与研究对象及研究内容相联系，没有进一步发挥借用、引用的功效。

有两篇文章中出现了"经济圈""经济带""集化区""增长极""联动轴""区位优势""中心城市与网络节点"等专有经济学术语，但只是提及，并没有详细进行论证。在其中的一文中提出了"非均衡协调发展战略，保持项目、时序、项群诸方面逐步推进的层次梯度性"观点。从战略实施上讲，又提及了"以中心城市为中心，走城市到农村的特色发展之路"的观点。

（四）规划与战略

西部地区三省市的规划均出自当地政府体育主管部门之手，仅有1篇体育工作者的文章论述了体育产业发展规划。至于体育战略研究，仅局限于针对本区域体育存在的不足，提出战略建议。预想效果，评价当前优势、潜在优势，怎样发展，怎样完成规划所规定的目标以及阶段性把握和完成目标的评价等均没有论述。总体上呈现出有规划无战略，有战略无规划的局面。

（五）深度与广度

上述文献的研究者大多站在本区域的角度，局限于研究本区域的体育现象，研究得不够深入，只是浅显描述与论述，实用价值较小，借用其他理论的就更少了。另外，扩展性思维、扩散性比较更彰显不足，仅有1篇竞技体育的文章把本省的全运会金牌数与其他省份进行了简单比较，研究的内容与范围比较单一、狭窄。

（六）前瞻性与时效性

为了实现《国民经济与社会发展第十一个五年规划纲要》（以下简称"十一五"规划）目标，更好地让广大群众享受改革开放的成果，西部地区三省市政府，脚踏实地实施并开展了一系列的体育惠民工程。这些看得见、摸得着的体育惠民工程，大多在国内网站以及其他新闻媒体上有过报道，但对体育科研工作者常用的期刊网进行检索后发现并没有相应的记载和论述。科技是生产力，先期的理论研究、方案的可操作性及建议等，这些科研成果是为政府的行为提供理论依据的。显然，最贴近实际的信息，并没有被及时收录，或被研究者关注。科研成果缺乏前瞻性，理论建议滞后于政府行为。

第二节　我国西部地区体育事业发展战略研究文献总览

在从国家实施"奥林匹克战略""体育社会化战略""体育市场化改革战略"开始，直到现在提出"推动我国由体育大国向体育强国迈进"

的背景下，我国学者开始对西部地区的体育事业发展战略进行研究。从总体上看，研究各省市区竞技体育、群众体育、体育产业的居多，内容上多以本省市区的体育现状、发展对策为主，而且在时间上以 2004 年前后居多。至于西部地区内的省市区之间，以及与西部地区以外的省市区进行对比的研究就更是凤毛鳞角，仅有几篇有关竞技体育水平的文章专门进行了对比研究。在借用理论知识方面，如应用经济学的"增长极"理论来论述的，只有某个省份的竞技体育中的单一体育项目，带动本省其他体育项目的发展的论述。还有借用"钻石理论"和"点轴经济带"理论的，论借用或引用上述理论，只是简单地描述，没有进行更深的理论论证。把竞技体育、群众体育、体育产业与西部地区 12 个省市区的总体研究战略发展综合起来研究的，更是寥寥无几。作为体育发展战略，只是在部分省份中的"十五"体育发展规划中，隐现了特定时期的体育发展战略。

目前，西部体育整体发展战略研究还处于浅显的阶段，满足不了西部地区体育事业发展的需要。本书为了解及把握西部地区各省市区体育科研的情况、体育研究的深度与广度，以及为制定西部地区体育发展战略服务，制定了实现体育强国目标下的西部地区体育发展战略的理论模型。本书将西部地区各省市区按竞技体育、群众体育、体育产业、有关经济学理论与体育、西部地区有关区域体育发展战略、西部经济与体育相关数据分成六类，并对相关内容进行分类检索、信息收集和分析。

一　战略研究成果发表的时间段

从有关战略研究的学术期刊论文发表的时间段上来看，从 2002 年以刘玲为代表的学者研究地区局部的体育事业整体发展战略开始，到 2008 年前后，发展战略研究达到了波峰的峰顶。从国家社科基金以及国家体育总局的课题来看，早期的代表是 2005 年王君侠主持研究的"西部大开发形势下西部地区竞技体育发展战略研究"。关于西部体育发展战略的书籍出现较晚，代表作是谢英 2009 年出版的《区域体育资源研究——理论与实践》。此外，从政府政策支持上来看，自 2005 年开始，西部地区各省市体育局纷纷制定并出台了"十一五"体育发展规划，并提出了保障实现目标的具体措施，为本省市区加快体育事业的发展提供了政策性指导文件。纵观西部体育发展战略研究成果的时间段可以看出，从 2002 年到 2005 年，我国体育发展战略的研究处于起步阶段，2005 年之后伴随着奥运会的筹办，政府政策的支持，体育发展战略的研究随之升温，2008 年奥运会的成功举办，以及国家的重视，使体育发展战略的相关研究掀起了新的热潮，这也为西部地区体育事业的发展战略研究掀开了新的一页。

二 战略研究的领域与重点

根据已掌握的文献来看，西部地区体育发展战略文献的研究领域涉及竞技体育、群众体育、体育产业、体育资源。但其研究重点明显偏重于本省市区竞技体育、现状与发展对策研究。此外，体育产业的现状及以后的发展战略也是研究的重头戏。例如罗普磷、王君侠、刘伶、程钰娟等人对西部地区的竞技体育进行了战略规划设计；查大林、杨涛、曹锋华、谢英等人对体育产业进行了较为系统的战略规划。关于群众体育方面的战略研究也并不缺乏，芦平生对西部少数民族的全民健身服务体系进行了战略理论论述，李龙军等人也对陕西的全民健身进行了探讨，等等。在体育资源研究方面，代表人物有谢英、殷生宝等人，他们都对西部的民族体育文化资源、自然资源等进行了分析，并从战略角度进行了初步的规划设计。

三 战略研究理论应用

通过对已掌握的文献分析可知，经济领域的战略发展模式逐渐进入体育领域，在一定程度上影响和指导了体育发展战略的制定。涉及的经济发展理论大致有"非均衡理论""点轴发展理论""城市圈理论""梯度发展理论""协调发展理论"等。

目前，"非均衡理论"在体育事业发展研究中是运用最为广泛的，例如查大林的《我国西部地区区域体育产业发展重点的战略思考——以云南体育产业发展研究为例》，运用区域经济增长极理论，采用"增长极开发模式""经济带模式"对云南体育产业的发展进行了较有深度的论述。刘青等人也运用非均衡发展理论对四川省的竞技体育发展进行了分析。"点轴发展理论"与"城市圈理论"运用的主要代表有殷生宝、钟全宏等人，其内容为"环青海湖民族体育圈"体育旅游资源开发研究，以及西部地区体育产业发展规划的理论与模式探讨。"梯度发展理论"与"协调发展理论"也有部分涉及，深入探讨的较少。例如，白晋湘等人对西部民族体育产业的探讨等。

四　省份与跨省份研究

西部地区作为一个研究整体，不论是内部子部分，还是子部分与子部分之间，以及对整个区域的总体把握都是缺一不可的。从目前的研究来看，西部地区各省市区对于本地的体育研究较多，其中，对竞技体育和体育产业的研究相对多些。在竞技体育方面的文献中，仅有少数论文把本省市区近几届全运会奖牌数与其他省市区进行了对比研究，而对群众体育与体育产业进行比较研究的几乎没有，没有分析各省市区在群众体育和体育产业方面的差距与不足。虽然有对西部地区整体体育事业发展的论述，但对西部地区体育事业的发展与各省市区之间的联系缺乏有机的结合。这都需要研究者继续挖掘。

第三节　我国西部地区体育发展战略研究主要成果与评述

一　一般的体育发展战略研究

在所有的西部地区体育文献中，关于整个西部地区以及地区内各省市区的竞技体育与体育产业现状与对策的研究数量较多，质量也较高，但借用或引用经济学理论的却不多见。大部分文献主要以现状调查—对策分析这样一种思维定式来分析。

在竞技体育方面，大多数文献都对其竞技体育发展历程，人、财、物等客观条件进行了纵向、准确的描述。多数学者都能对制约本地竞技体育发展的内部与外部因素进行分析，少数学者能够把本地的竞技体育实力与其他地区的竞技体育情况进行简单的数字比较。这类文章的共性是在结尾结论处提出适合本地竞技体育发展的探索性、可行性的建议和对策。

在群众体育方面，文献研究比较基层化，大多数文献以参与锻炼的人员数量与层次、观念与认知、活动方式与次数、设施与项目选择、消费水平等调查统计为主。其中一部分能够从群众体育活动的网络组织建设与管理、指导人员的培训、经费使用等多个角度阐述组织开展群众体育活动的必要性。文献总体上不论研究的内容如何，均能够提出较为合理的、能够满足当时需要的科学的群众体育发展建议。

在体育产业方面，由于西部地区拥有丰富的自然旅游资源，所以文献中有关体育旅游产业的文章居多。大多数学者都能立足于本地的自然旅游资源、基础设施，结合民族传统体育文化论证体育旅游的必要性与可行性；一部分学者就本地的体育产业发展现状、体育产业结构、存在的问题与制约因素进行了较全面的分析，提出了几种体育产业发展模式以及特色发展道路等，这些对策都比较适合当地建设发展的需要。

在一般体育发展战略的研究中，研究者大多能够很好地对现状进行分析、发现问题，同时提出一些建设性的意见。但这些意见多是根据一定的事实再加以想象，没有理论支撑，或者是只考虑到局部，没有进行全局考虑，得出的这些建议对于实际发展用处并不是很大。为避免这些情况重复出现，我们需要再运用一定的理论对现状进行分析，并且从全局考虑制定出科学合理的发展战略。

二　理论应用成果

在西部地区体育文献中，大部分专家学者就西部地区整体以及本地的体育事业发展做出了部分协调发展和非均衡发展的描述，论述的基础建立在本地区的或局部地区的体育现象上，如协同发展、突出一点建设来带动其他建设等。但对协调发展理论、非均衡发展理论并没有进行进一步的解释和论述，只是引用及简单地说明。怎样发展，如何发展在文章中并没有进一步阐述，而且也没有与研究对象及研究内容相结合，到目前为止也没有借用或引用成形的理论模式。

以刘玲的《广西体育可持续发展战略研究》一文为例，她认为广西的体育发展战略应选择竞技体育的"四优战略"，即"项目设置—优势战略""人才培养—优才战略""资源配置—优化战略""科教兴体—优先战略"。在"四优战略"基础上，有专家提出"竞技体育与社会体育协调发展战略""科教兴体战略""体育产业市场开发战略""梯度推进、共同发展战略"等。五大战略互相协调、互相支持、共同发展，形成广西面向21世纪体育可持续发展的战略体系。

舒为平在《西部大开发与四川体育发展对策研究》中提出：以"全民战略"为载体，大力发展群众体育；以"金牌战略"为牵引，提高竞技体育水平；以"品牌战略"为依托，做强做大体育产业等，使竞技体育、大众体育和学校体育三者全面、协调、健康发展。

在周立全等人的《全面协同促进重庆竞技体育水平发展》一文中，对重庆市在发展竞技体育过程中的不足和处于劣势的客观因素进行分析，提出了竞技体育人才培养、资金支持、工作机制、科研等方面协同合作的措施，以完成提高重庆市竞技体育水平的目标。

程钰娟等在《论重庆市竞技体育影响因素》中提出实行以传统优势项目为重点突破口，同时根据重庆市自身经济状况，适当增设部分中长期项目的观点。扩大现有项目群的奖牌增长点，并从中培植强有力的金牌争夺点，以实现重庆市竞技体育的稳步发展。

方程等在《论陕西竞技体育发展模式的内部影响因素》中，提出优化项目布局，保障优势项目，发展弱势项目的建议。

罗普磷等在《陕西省竞技体育优势项目可持续发展研究》中，提出在陕西省资源相对不足的情况下，可以实施非均衡协调发展战略，实现项目、时序、项群诸方面逐步推进，强化优势项目教练员队伍建设以及优势项目后备人才质量、数量的培养与管理。

在这些西部地区体育发展战略的相关文献中，运用经济学中的"增长极"理论的文献占较大比例，但运用"增长极"理论并能够详尽论述的好文章较少，大多数文章中隐含"增长极"理论的现象却很多。"点轴发展理论""核心—边缘理论""梯度发展理论"等理论的借用在已掌握的文献中较少发现，在部分文章中只是简单地提到了"经济圈""经济带""集化区""增长极""联动轴""区位优势""中心城市与网络节点"等专有经济学名词，并没有进行进一步的论证。

尽管大多数文章都没有对经济学的相关理论进行分析，但也有一些优秀的文章。例如，查大林在《我国西部地区区域体育产业发展重点的战略思考——以云南体育产业发展研究为例》一文中运用增长极理论指出：云南体育产业的发展模式应采取以重点城市为"极化区"的非均衡发展方式，即以昆明、玉溪、大理等城市为始发中心，向邻近地区产生扩散、辐射效应。同时，西部有关省市区可利用西部地区的片区产业联盟与交通网络连片进行开发。文献中提出利用"西陇海—兰新线经济带""长江上游成—渝经济带""南—贵—昆经济带""呼包—包兰—兰青线经济带"4个未来的经济带和"西安、成都、重庆三大都市区"的影响来互成呼应，整合优势、联片发展，以形成区域体育产业发展的整体优势和多赢的局面。这篇文章，立足于云南省及整个西部地区，依据增长极理论，依靠区位优势，采取联动轴的方式，深刻、全面地阐述了西部地区各省市区的体育产业发展模式，是一篇具有现实指导意义的，并不多见的好文章。

杨涛在《陕西省不同区域体育产业发展模式研究》一文中引用了"增长极"理论，并简要介绍了"增长极"理论内容。在结合陕西省内资本存量与增量、地理空间区位、体育经济发展优势，提出选择陕南地区的安康和汉中，关中地区的西安，陕北地区的延安和榆林作为体育产业发展的"集化区"。陕西省体育产业的发展应以西安为中心，区域上以城市为中心，走一条从城市到农村的特色产业发展之路。

曹锋华的《重庆体育产业发展的快速增长点研究》一文中，提及重庆市按地域可分为三大经济圈，即都市经济圈、渝西经济走廊及三峡库区生态经济区，并对上述三大经济圈中城镇的体育营业额进行了具体分析。

谢英在国家社科基金结项成果《区域体育资源研究——理论与实践》中有过大篇幅关于西部所有体育资源的描述，同时也借用了部分区域发展经济理论进行了简要论述，为今后的西部体育发展战略研究打下了基础并起到了铺垫作用。

上述文章都很好地利用了经济学中的相关理论，并与体育发展实际较好地结合起来，为当地体育产业发展提供了很好的发展战略方案。但从上述文章也可以看出，目前运用理论较为单一，多运用"非均衡发展理论""点轴发展理论"，而协调发展理论、"梯度发展理论"运用较少。一个地区的体育事业发展不能全面衡量本地区的均衡性。此外，研究与运用的领域也较为有限，多与体育产业相关。经济学相关理论成功引入到体育事业发展研究当中，能够很好地指导竞技体育、群众体育、体育产业等体育事业的发展，使各项体育事业全面、快速、健康地发展，从全局的角度保证了战略性突破与提高。

三　主要领域成果

（一）竞技体育

在西部地区有关竞技体育发展战略的论述中，采用区域协调发展理论和可持续发展理论的较多，但是能够很好地运用理论阐释各省市区竞技体育发展战略途径、方法、措施的并不多见，多数以分析自身发展的优势与劣势、发展重点与难点为核心，并针对其实际情况给出对应的阶段性目标、策略和大方向的设计，为本区域的竞技体育发展提供简单的理论支撑。代表性文章有陈明的《内蒙古竞技体育可持续发展战略研究》，其认为内蒙古竞技体育可持续发展的战略应确定为近期目标和长期目标。近期目标是以 2008 年北京奥运会为契机，实现奖牌零的突破。长期目标是优先发展群众体育，大力发展民族体育，有重点地发展竞技体育项目，逐步实现西部地区体育强省的目标，实现竞技体育与群众体育及社会经济协调发展，走依托社会办竞技体育的发展模式。谢强、黄玲在《广西竞技体育可持续发展战略研究》论文中认为广西竞技体育仍应坚持以"灵、小、短、水"为重点发展项目；田径的短跳、跳水、游泳、举重、摔跤等项目应作为广西竞技体育重点项目中的核心项目。保持重点项目，以核心项目为广西竞技体育发展提供基础与平台。高民绪在《重庆市竞技体育发展战略研究》一文中明确提出了总体目标为"强三、争二、避一"，实现"闪光奖牌"战略。王君侠的《西部大开发形势下西部地区竞技体育发展战略研究》，朱晓红的《中国西部地区体育发展战略研究》和罗良友的《重庆市竞技体育发展战略研究》等文章均从竞技体育可持续发展战略目标、项目、布局等角度出发，对西部地区竞技体育未来发展提出战略设想。

通过查阅文献发现，在本区域竞技体育领域结合经济学理论来阐述的文章很少见，这种情况在某种程度上说明了在竞技体育领域发展战略研究中应用其他理论有一定的难度。但仔细琢磨经济学的一些发展理论，结合西部地区的实际情况，以经济学的几个发展理论来研究和支撑西部地区的竞技体育发展战略还是很有潜力的，有很大的开发与利用空间，无论是对西部地区的竞技体育发展战略的制定，还是与经济发展相结合都能够起到重要的指导作用。

（二）群众体育

在所有文献中，正如前面一般性发展战略中描述的那样，西部地区有关群众体育的研究比较基层化，主要是以城市与乡镇体育作为突破口，以参与锻炼的人数、观念、认知、活动方式、活动次数、设施与项目、消费水平等调查统计为主，以群众体育活动的网络组织建设与管理、指导人员的培训、经费使用为辅。然而，单独论述各省群众体育发展战略的文章几乎没有，关于西部地区整体的群众体育事业发展战略只是在个别的文章中有不多的论述，如结合竞技体育来发展群众体育，体育产业与群众体育协调发展等。这使得群众体育事业发展处于从属于竞技体育事业发展、体育产业发展的配角角色。

刘玲在《广西体育可持续发展战略研究》中认为竞技体育与社会体

育要协调发展。提出为奥运争光、全民健身是体育事业不可缺少的重要组成部分，要克服过去竞技体育与社会体育各自为战的弊端，实施"同心圆战略"和"和合发展战略"。舒为平在《西部大开发与四川体育发展对策研究》中以"全民战略"为载体，认为要大力发展群众体育，提出认真落实《全民健身计划纲要》，积极实施"全民战略"，努力构建亲民、便民、利民的全民健身体系，推动群众体育向社会覆盖面广度和基层单位组织深度方向发展。查大林的《云南省全民健身发展战略思想》、裴立新等的《西部地区实施"全民健身计划"的基本对策及保证体系研究》、李行勇等人的《对21世纪初叶西部地区体育发展战略的多元思考与对策研究》、魏争光的《全面建设小康社会与西部地区全民健身体育的发展》和蔡国祥的《加快发展贵州体育事业为构建社会主义和谐社会做出贡献》等文章对我国西部、西南地区全民健身计划和群众体育事业发展提出了战略要求。

通过对以往研究成果的分析可知，西部地区各个省市区并没有把群众体育发展战略研究提升到战略层面，也没有对此进行具体深入和细化研究，全局性的战略性思考明显不足。针对各省市区群众体育现状的研究，隐现了"城市圈"或"经济圈"等经济学中的区域经济发展理论。可持续发展理论、协调发展理论、非均衡发展理论，点轴开发模式、网络开发模式、梯度开发模式、地域综合体开发模式、优区位开发模式、大推动开发模式等经济学理论与模式均适合并支持西部地区群众体育发展战略研究，具备深度发掘的可行性。

（三）体育产业

在西部地区体育产业文献中，关于一般性发展战略的体育产业文章较多，与有关竞技体育的一般发展战略研究的数量相当，占据了文献的大部分。其中的一些文章如闵健的《西部地区体育产业的发展机制研究》、祝莉的《西部体育产业开发的思路及对策》和胡爱本的《我国西部体育资源现状与开发应用研究》对西部地区体育产业开发的机遇、体育产业开发的基础和体育产业开发的对策进行了研究，并且提出了西部地区体育产业发展的潜在资源及其开发的可行性。这些文章的共性是提出了建议，具有一定的指导意义。但从大多数文章来看，具有实际指导意义的，运用经济学的"增长极理论""点轴发展理论""核心边缘理论""梯度发展理论"的并不多见，高水平的经济学区域发展理论运用文章更加少见。

杨涛在《陕西省不同区域体育产业发展模式研究》一文中引用了"增长极"理论，并在简要介绍"增长极"理论内容的基础上借用了"集化区"专业名词。他认为陕西省体育产业的发展要以西安为中心，在区域内以城市为中心，走一条从城市到农村的特色产业发展之路。这其中也同样映衬出"梯度发展理论"。

王君侠在国家社科基金项目"西部大开发形势下西部地区竞技体育发展战略研究"中指出"结合西部地区地域，民族特点，确定布局，突出重点，加强科研，重视后备人才的培养和教练业务能力的提高，西部地区竞技体育可持续发展才有保证"。上述观点，隐性体现了区域"增长极"与区域"梯度和网络"经济理论观点。

此外，在文献中引用"经济圈""经济带""集化区""增长极""联动轴""区位优势""中心城市与网络节点"等专有经济学名词的还有很多，但有一个共性，即没有进一步的深入论证，只是提及。总体上看，西部地区体育产业发展战略研究在运用经济学区域发展理论上有一定的基础并有一定的研究深度，在运用"增长极"理论上明显好于对西部地区竞技体育发展战略的研究成果，如果再能运用"点轴发展理论""核心—边缘理论""梯度发展理论"且进行卓有实效的深入研究就能在制定西部地区整体体育产业发展战略中发挥更大的理论指导作用。

四　存在的主要问题

（一）竞技体育研究与体育产业研究在数量上多于群众体育研究

根据检索收集到的文献，我们可以看出西部地区多数学者均把竞技体育作为优先研究内容，在特定的高水平竞技体育运动领先，凝结民心，提高民族自豪感的感召下，备受体育工作者、专家和学者的关注。呈现的研究成果比较丰富，这是否与国家实施奥运金牌战略有关，还有待进一步商榷。对作为拉动经济，为竞技体育提供物质保障的体育产业的研究也比较多，研究成果丰富。但大多数文献研究与体育旅游和体育旅游资源开发有关，其研究成果的数量在某一方面甚至超过了有关竞技体育研究的数量。从所有研究的成果来看，对于各省市区群众体育发展战略的研究明显不足，就西部地区整体的群众体育发展战略研究来说，引用区域经济学发展理论的更是少之又少。对实现体育大省、体育强省、体育强国目标来说，群众体育是基础，是可持续发展的力量与源泉；对专家、学者来说，尽管有过一些群众体育发展的论述，但是仍不够系统、不够深入、不够透彻。

（二）区域体育发展研究模式单一化

本书在前面的论述中，已总结出在大部分的文章内，可以得出现状—对策、现状—策略的研究思路一种定式。在研究内容上，大多数文章把竞技体育、群众体育、体育产业进行单独的、分割的纵向研究。把三者进行统一研究的文章不是很多，至于三者在区域内相互联系、发展模式和空间、规划和战略等框架的总体设计研究就显得更加的缺少。

（三）专业理论引用与体育研究的融合度差

在百余年的社会发展中，经过不同学科学者的探索与挖掘，总结出了很多对社会发展有巨大推动作用的理论，这其中不乏成熟的区域发展理论及区域经济发展理论和模式。在研究西部地区的体育文献中，从整体上看引用区域发展理论及区域经济发展理论的文献还不是很多，但也有论述比较精辟的好文章。在这些文献中，运用协调发展、非均衡发展理论及点轴、增长极、梯度等模式的较多，但大多数停留在经验总结及一般性预测与建议上，缺乏理论的论证支撑。在研究手段上，由于对专门理论没有进行深入细致的研究与储备以及对结合本区域研究的理论切入点把握不当，造成了本地区体育实际发展状况与理论指导脱节，即便有结论与建议，也没有缜密、翔实的理论依据，这在一定时期内都会对本地区的体育事业发展与体育实践产生负面的影响。

第四节　小结

综上所述，研究者大多数站在所在区域的角度，对区域的发展战略，只进行了浅显描述与论述，实用价值较小，借用其他经济理论就更少了。另外，扩展性思维、扩散性比较研究彰显不足，不仅研究的内容比较单一，而且研究的范围也比较狭窄。

为了更好地让广大群众享受改革开放的成果，西部地区 12 个省市区政府脚踏实地实施了一系列体育惠民工程，而这些看得见、摸得着的体育惠民工程在国内网站以及其他新闻媒体上有过报道，却没有相应的科学研究。科技是生产力，理论研究、操作流程、建议等先期科研为政府决策提供依据的功能没能更好地发挥。科研的前沿性与前瞻性明显滞后于政府行为。

综观所有文献，总体上并没有从各省市区及西部地区全局出发，站在一定的战略高度认真思考，没有全方位综合考虑竞技体育、群众体育和体育产业的发展战略。

第二章　我国西部地区社会发展的时代背景与体育事业发展总体情况

第一节　我国西部地区基本情况与西部大开发战略内容

一　我国西部地区行政区域变更与基本情况

1986 年，全国人大六届四次会议通过了《国民经济与社会发展第七个五年规划纲要》（以下简称《规划》）。《规划》正式将我国行政区域划分为东部、中部、西部 3 个地区。1997 年全国人大八届五次会议决定设立重庆市为直辖市，并入西部地区。2000 年国家制定的在西部大开发中享受优惠政策的范围又增加了内蒙古和广西。目前，西部地区包括的省级行政区共有 12 个，分别是四川、重庆、贵州、云南、西藏、陕西、甘肃、青海、宁夏、新疆、广西、内蒙古。

西部地区总面积约 685 万平方公里，约占全国总面积的 71.4%。同时，西部地区与蒙古国、俄罗斯等 14 个国家接壤，陆地边境线长达 1.8 万余公里，约占全国陆地边境线的 91%；与东南亚许多国家隔海相望，有大陆海岸线 1595 公里，约占全国海岸线的 1/10。

西部地区的人口总数 2006 年末约为 3.67 亿，占全国总人口的 28.8%。除汉族以外，西部地区有 44 个少数民族，少数民族人口占全国少数民族人口的 75% 左右，是中国少数民族分布最集中的地区。

西部地区的地形条件和气候条件比较差，其中平原、盆地面积不到 10%，约有 48% 的土地资源是沙漠、戈壁、石山和海拔 3000 米以上的高寒地区，且年平均气温偏低，大部分省市区在 10 摄氏度以下。西南和西部地区在自然条件上也存在差异，西南地区有充足的雨水、多气候带和丰富的动植物资源；西部地区则干旱少雨、光照充足；青藏高原具有独特的高原自然气候条件。

西部地区土地资源丰富。人均占有耕地两亩，是全国平均水平的 1.3 倍。耕地后备资源总量大，未利用的土地占全国的 80%。西部地区的自然资源特别丰富，其水能蕴藏总量占全国的 82.5%，矿产资源的储量十分可观。

西部地区的旅游资源丰富多彩，别具一格，具有资源类型全面、自然景观与人文景观交相辉映的特点。从自然资源看，世界闻名的景观包括世界屋脊喜马拉雅山、高原圣湖、羌塘野生动物园、浩如烟海的大漠戈壁、沟壑纵横的黄土高原、雄伟壮阔的祁连冰川、波涛汹涌的九曲黄河、山水洞林石一体的喀斯特地貌、秀丽壮观的长江三峡等。从人文资源看，西部是多民族居住区，也是中华文明的重要发源地。举世闻名的人文景观包括世界奇迹秦始皇兵马俑、敦煌莫高窟石窟文化艺术宝藏、万里长城遗址、华夏远古文明轩辕黄帝陵、古丝绸之路、古文明城市遗迹、元谋人遗址、藏文化代表布达拉宫和大昭寺，以及数不胜数的宗教文化场所等。

西部地区疆域辽阔，相对人口稀少，是我国经济欠发达、需要加强开发的地区。西部地区自然资源丰富，市场潜力大，战略位置重要。但由于自然、历史、社会等原因，西部地区经济发展相对落后，人均国内生产总值仅相当于全国平均水平的 60% 左右，不到东部地区平均水平的 40%，迫切需要加快改革开放和现代化建设的步伐。

西部地区在长期的历史变迁中孕育了灿烂的文化。西部文化具有地域性、多元性和原生态性，是中华文化的重要组成部分。西部大开发战略的实施，给西部民族文化的发展提供了广阔的舞台。抓住有利机遇，不断整合西部民族文化资源，对于推动西部区域经济和社会发展具有十分重要的意义。

二　西部大开发总体规划的 3 个阶段

（一）奠定基础阶段

从 2001 年到 2010 年，重点是调整结构，搞好基础设施、生态环境、科技教育等基础建设，建立和完善市场体制，培育特色产业增长点，使西部地区投资环境初步改善，生态和环境恶化得到初步遏制，经济运行步入良性循环，增长速度达到全国平均增长水平。

（二）加速发展阶段

从 2011 年到 2030 年，在前段基础设施改善、结构战略性调整和制度建设成就的基础上，进入西部开发的冲刺阶段，巩固提高基础，培育特色产业，实施经济产业化、市场化、生态化和专业区域布局的全面升级，实现经济增长的跃进。

（三）全面推进现代化阶段

从 2031 年到 2050 年，在一部分率先发展地区增强实力，融入国内国际现代化经济体系自我发展的基础上，着力加快边远山区、落后农牧区开发，普遍提高西部人民的生产、生活水平，全面缩小差距。

三　西部大开发的主要任务

21 世纪头 10 年，力争使西部地区基础设施和生态环境建设取得突破性进展，特色经济和优势产业有较大发展，重点地带开发步伐明显加快，科技教育和卫生、文化等社会事业明显加强，改革开放出现新局面，进一步改善人民生活，为实施西部大开发战略奠定坚实的基础。

当前和今后一段时期，是西部地区深化改革、扩大开放、加快发展的重要战略机遇期。要重点抓好基础设施和生态环境建设；积极发展有特色的优势产业，推进重点地带开发；发展科技教育，培育和用好各类人才；国家要在投资项目、税收政策和财政转移支付等方面加大对西部地区的支持，逐步建立长期稳定的西部开发资金渠道；着力改善投资环境，引导外资和国内资本参与西部开发；西部地区要进一步解放思想，增强自我发展能力，在改革开放中走出一条加快发展的新路。

第二节　我国西部地区体育事业发展总体情况

一　竞技体育水平

2002 年 7 月 22 日中共中央 8 号文件指出："竞技体育以重大国际比赛，特别是奥运会取得优异成绩为目标，合理布局，提高水平。"文件中还多次提出积极扶持中西部地区和少数民族地区发展体育事业，加大对中西部地区和农村体育事业发展的支持力度。西部地区体育事业随着经济水平的提高逐渐得到发展，在第八、第九、第十、第十一届全运会上西部地区各省市区金牌获奖情况可以反映出西部竞技体育事业在党中央提出的西部经济大开发的政策引导下的发展状况。

以西部地区 12 个省市区参加第八、第九、第十、第十一届全运会所获金银铜牌总数在全国排名以 1—5 名为界限分成不同等级排序，以体现西部地区 12 个省市区竞技体育发展排名情况。

四川在第八、第九、第十、第十一届全运会上以金银铜牌总数居全国第 11—14 位，成绩与名次相对稳定，与西部地区其他 11 个省市区相比一枝独秀；陕西在第九、第十一届全运会上居全国第 17、第 18 位；广西、内蒙古、贵州、云南、新疆、甘肃在不同届次全运会上居全国第 21—25 位；贵州、云南、重庆、新疆等省市区曾位居全国第 26—29 位；西藏、青海、宁夏三省区始终在 30 名以外，一直没有突破 30 名大关。

西部地区竞技体育水平从整体上看，四川的竞技体育水平处于西部地区领头羊的位置，形成西部地区竞技体育的第一集团。陕西、广西、内蒙古、云南四省区形成西部地区竞技体育的第二集团。甘肃、贵州、新疆三省区形成西部地区竞技体育的第三集团。重庆、宁夏、青海、西藏四省市区形成西部地区竞技体育的第四集团军。在全国省市区中四川竞技体育水平处于整体的中上游水平，陕西紧随其后，而广西、内蒙古、贵州、云南位于全国中下游水平，重庆、新疆、甘肃、西藏、青海、宁夏位居全国倒数水平。

二 群众体育发展

我国群众体育事业发展的成功实践表明，在我国这样一个经济和社会发展水平不高，并且发展不全面、不平衡的国情下发展群众体育事业，必须走自己的路，走有中国特色的群众体育发展之路。经过几十年，尤其是实施《全民健身计划纲要》10 年来的努力探索，西部地区正在走出一条有地域发展特色的群众体育之路，正在形成社会体育蓬勃发展、特色鲜明的新局面。

西部地区各省市区坚持每年举办"全民健身周"，广泛开展青少年儿童、农民、职工、老年人、妇女 5 个人群健身活动；成立了社会体育指导中心，组织、培训了一支社会体育指导员队伍，其中四川省在"十五"规划期间就培养了近 2 万名社会体育指导员；建设各类体育社会团体；成功举办了各省市区的省运会、少数民族、残疾人等全民健身运动会；各省市区根据自身实际情况、条件，创建国家、省市区级青少年户外活动营地，青少年俱乐部，体育传统项目学校，高水平后备人才基地；各省市区中，常年参加体育锻炼的人口逐年增多，重庆市体育人口已达到占总人口数的38%，西部地区12个省市区的体育人口数量平均已超过30%。

西部地区在实施《全民健身计划纲要》过程中，不断创新，形成了一批颇具特色的群众体育活动方式，如四川打造出了乐山"假日体育"、绵阳"赛会经济"等，重庆挖掘整理了"摆手操"等，青海举行了"玉珠峰登山节"，甘肃举办了兰州"百里黄河风情体育节""黄河三峡龙舟赛""沿长城徒步体育健身""甘南三省四区赛马大会""河西走廊汽摩越野赛""巴丹吉林沙漠穿越""祁连冰川探险""嘉峪关滑翔节"等具有民族特色、群众喜闻乐见的群众体育品牌，丰富了全民健身内容。

三 体育产业现状

随着西部大开发的不断深入，经济形势的不断好转，人们对生活质量的要求不断提高，极大地促进了西部地区体育产业的发展。

体育建筑业已成为西部地区拉动经济发展、提高就业的主体性体育产业。西部地区各级政府在考虑满足竞技体育和群众体育发展需要的同时，积极投入发展体育场馆设施建设。例如，陕西以新建大型奥林匹克体育中心和改造体育场馆为重点，投入场地设施建设资金4.3亿元，新建场馆28个，形成对体育事业和产业发展的有力支撑。2000—2005年，四川省体育场馆总数由35127个增加到45000多个。广西重点建设全民健身、竞技体育、体育产业、体育对外交流合作和公共体育设施为主要内容的五大工程89项，总投资超过135亿元。内蒙古实施"草原万里健身工程"，为678个行政村建设农牧民体育健身场地，在20个苏木乡镇建设老年人体育设施。重庆推进"全民健身登山步道工程"，建设以科学健身为主要特色，集体育健身、休闲和娱乐为一体的公益性健身场所，试点建设了10条登山步道，到2010年全市完成30条登山步道的工程建设。甘肃已完成国家体育总局援建的6个"雪炭工程"和2个"民康工程"建设任务等。

体育彩票已成为西部地区体育产业发展最快的体育产业。体育彩票作为"无烟"产业均受到当地政府的重视，体育彩票销售网络遍布所有城乡，人民群众对体育彩票情有独钟，体育彩票销售额也是逐年上升。在"十五"规划期间，陕西体育彩票累计销售16亿元，为国家积累体彩公益金 5.6 亿元。四川体育彩票销售总额达 48 亿元，为中央、省、市（州）三级筹集公益金 16.2 亿元。重庆体育彩票销售总额达 8.25 亿元。宁夏体育彩票销售总额达 3.12 亿元，筹集公益金 1.09 亿元。青海体育彩票销售总额达 7416 万元，获公益金 2554 万元。新疆体育彩票发行销售额从 2001 年的 1571.05 万元增加到 2005 年的 5.37 亿元。云南体育彩票销售总额达 33.04 亿元，筹集体育彩票公益金 11.36 亿元。

西部地区成为体育器材与体育用品的重点销售区域。西部地区在原有体育场馆基础上改建、扩建了大批能够满足承办比赛和群众健身的体育场馆，这无疑需要大批的体育器材（器械）与之配套，以部分地区为例：重庆市在加快推进"农民体育健身工程"中，要求每个行政村建设一个简易硬化篮球场和两张室外乒乓球台，并配置 1 个篮球架，且到 2020 年覆盖所有的行政村。甘肃在办好 10 件"民生体育"的工程中，为城镇社区配置健身路径 100 条等。另外，西部 12 省市区的 3.67 亿人当中，有占总人口 30% 的人常年参加体育锻炼，他们也成为体育器材与体育用品潜在的主要销售对象。

体育竞赛表演业在西部地区逐步走向成熟。自我国改革开放以及实行体育职业化改革以来，国家承办的世界高水平体育赛会逐渐增多，激活了体育竞赛表演市场，使人民群众观赏高水平体育竞技的需求得以满足。在我国重要城市以及东部沿海地区承办国际、国家高水平比赛的影响下，重要体育赛事的承办也呈现明显的西移态势。西部地区在经济逐步好转的情况下，承办的国家、国际重要比赛也逐步增多，同时西部地区的部分省市的体育竞技水平也逐渐提高，通过运动员交流，西部地区部分省市在部分体育项目上已经达到了国内较高水平，爱家乡、爱体育、爱明星的民众心理业已形成并已牢固根植在广大西部地区人民心中。人们从知体育、玩体育、家中电视看体育逐步发展到现场身临其境观看体育比赛，致使成都、西安、重庆体育竞技表演市场的球市长盛不衰。

体育旅游业是西部地区最具发展潜力的体育产业。西部地区的旅游资源丰富，具有资源类型全面、自然景观与人文景观交相辉映的特点。西部人文旅游资源数量之多，质量之高，占地之广，是世界任何国家都无法相比的。西部地区是全球自然结构最壮观和奇特的地区，保存了较好的世界文化和自然遗产资源，世界之最、中国之最及世界奇观都分布其中。随着西部大开发的深入进行，西部地区体育旅游也得以发展。国家旅游局曾推出过 60 项具有地方特色的大型体育健身游活动和 12 大类 80 个专项体育健身旅游产品和线路，其中西部地区以 43 项占据了总数的 50%。体育旅游的良好前景吸引了越来越多的投资者投资体育旅游业，专业体育旅游行业也相继建立。目前西部地区 12 个省市区共有开展体育旅游项目的旅行社 189 个，野营、攀岩、定向运动训练场所等 143 处，以体育游乐为主要经营项目的企业有 3 家。体育旅游项目所具有的魅力使西部各级政府部门和部分传统旅游景点对体育旅游格外重视，纷纷开始尝试利用体育旅游产品为本地旅游业助一臂之力。各地区体育局为开发体育旅游，拓宽体育产业路子进行了一些尝试，并取得一些成功的经验，如沙漠汽车拉力赛、国际热气球节、冰川探险、环青海湖国际公路自行车赛，嘉峪关滑翔飞行、酒泉—敦煌徒步（骆驼）旅游、登山旅游以及在贵州境内国家级风景名胜区马岭河峡谷举行国际皮划艇漂流赛等。另外，西部地区少数民族体育文化旅游资源丰富独特。由于历史文化的积淀，少数民族体育文化活动更是数千年来民族文化的一道靓丽风景线，西部民族传统体育项目现有 700 多项，这一切都为西部地区体育旅游业的发展，确立了巨大的开发空间和经营基础。

四 少数民族传统体育文化繁多

正如前面西部地区基本情况介绍的那样，西部地区拥有 44 个少数民族，少数民族人口占全国少数民族人口的 75% 左右，是中国少数民族分布最集中的地区。由于历史原因及民族传统习惯，西部地区仍然保存着完好的少数民族体育文化，数千年来并没有流失或消失，相反在当今现代社会却更加珍贵与璀璨，形成了具有鲜明西部特色的少数民族体育文化。由于地域广博、民风淳朴、性格豪放，在广大民间诞生了壮族的跳桌、维吾尔族的赛马、土家族的耍花棍、瑶族的打猎操、苗族的芦笙舞、彝族的阿细跳月以及与人们生活密切相关的射弩、轮子秋、叼羊、姑娘追、骑毛驴等 700 多个民族传统体育项目，与之相伴的还有与体育相关的藏族赛马会、苗族的龙舟节、侗族的赶歌等传统节日，这些都是我国西部地区所独具的民族文化和民族体育文化的瑰宝。

第三章　我国西部地区竞技体育事业发展研究

第一节　我国西部地区竞技体育事业发展的回顾与机遇

一　西部大开发战略提出前的西部地区竞技体育发展回顾

我国西部地区下辖 11 个省区和 1 个直辖市，该地区经济相对欠发达，但拥有丰富的物质资源与人力资源，同时也是中国体育事业发展的积蓄待发区域。由于经济欠发达，体育投入相对薄弱，造成了西部体育事业未完全跟上中国体育事业发展脚步的局面。自改革开放至 1999 年年底，我国体育事业的发展战略经历了三次变化与调整，即 70 年代末 80 年代初的奥林匹克战略、80 年代中期的体育社会化战略、90 年代初的体育市场化改革战略。

20 世纪 70 年代末 80 年代初奥林匹克战略的制定与实施为当时的西部地区竞技体育提供了一个由起步到走向全国、再到走向世界的机遇。以突出竞技体育人才培养的中央、省市和县级所属三级体委"一条龙"体育训练体制由于经济发展的制约，使西部地区竞技体育人才相对于我国其他省市来说还是比较薄弱，这也就造成了西部地区的竞技体育在当时几届全运会上无论奖牌数量还是总分都处于全国落后的位置，在国际大赛上摘金夺银的运动员选手更是屈指可数，除了广西在体操项目上夺得奥运金牌的昙花一现。

20 世纪 80 年代中期随着体育社会化战略的制定与实施，在全国一盘棋的引导下，西部地区在竞技体育人才培养上是"各自为战"，保留或保守的做法，致使体育人才的交流呈现"阻滞"状态，但以四川、陕西为代表的竞技体育开始在全运会上崭露头角，其实力和水平达到全国的中游水平，处于起飞的阶段。

20 世纪 90 年代初体育市场化改革战略的制定与实施，使西部地区体育事业开始走上良性循环、快速发展的道路，竞技体育也得到了快速发展。西部地区 12 个省市区，除四川、陕西实力和水平达到全国的中游水平，处于相对稳定的位置外，其他 10 个省市区在第七、第八届全运会所获奖牌的数量居下游，可以说是倒数后几名，但各省市区所获奖牌数还是有增加和突破的，整体上呈上升趋势。

二 西部大开发战略与国家"十五"和"十一五"规划期间的西部竞技体育发展机遇

2000 年 1 月，国务院西部地区开发领导小组召开西部地区开发会议，研究加快西部地区发展的基本思路和战略任务，部署实施西部大开发重点工作。同年 10 月中共十五届五中全会通过的《中共中央关于制定国民经济和社会发展第十个五年规划的建议》，把实施西部大开发、促进地区协调发展作为一项战略任务。2001 年 3 月，九届全国人大四次会议通过的《国民经济和社会发展第十个五年规划纲要》（简称"十五"规划），对实施西部大开发战略再次进行了具体部署。2006 年 12 月 8 日，国务院常务会议审议并原则通过《西部大开发"十一五"规划》。

西部地区体育事业的发展任重而道远，所以西部地区的体育事业是"建成一个经济繁荣、社会进步、生活安定、民族团结、山川秀美、人民富裕新西部"的重要组成部分。西部地区的竞技体育、群众体育、体育产业等事业对进一步实现体育强省、体育强国的目标将起到凝聚民心、铺垫过渡、强民健体、拉动经济的作用。

西部大开发战略与国家"十五"规划实施均起自 2000 年，2000 年是西部大开发战略实施的奠定基础阶段、"十五"规划实施的开始年，2010年是"十一五"规划实施的截止年。这 10 年我国的竞技体育经历了两届奥运会（2004 年雅典奥运会、2008 年北京奥运会）和三届全运会（2001年广东第九届全运会、2005 年江苏第十届全运会、2009 年山东第十一届全运会）。参加两届奥运会和三届全运会为西部 12 个省市区提供了一个充分展示新世纪、新战略、新规划开始与实施所取得的社会进一步改革开放、融合全球化成果的舞台。尤其是展现竞技体育事业发展成果的重要国内、国际舞台。在大开发，经济好转，体育事业投入逐步增多，社会多方面支持的情况下，西部地区竞技体育在奥运会、全运会上取得了优异的成绩，部分省市在全国范围内占有一席之地，在一些竞技体育项目上保持了领先的优势。

第二节　我国西部地区竞技体育事业发展状况

一　"十五"和"十一五"规划期间的奥运竞技体育发展水平

2002 年 7 月 22 日中共中央 8 号文件要求"竞技体育以重大国际比赛，特别是奥运会取得优异成绩为目标，合理布局，提高水平"。文件中还多次提出要积极扶持中西部地区和少数民族地区发展体育事业，加大对中西部地区和农村体育事业发展的支持力度。西部地区竞技体育事业随着经济水平的提高逐渐得到发展，在上述两届奥运会和三届全运会上西部地区各省市区的获奖情况可以反映出西部地区在党中央提出的西部经济大开发政策引导下竞技体育水平的发展状况。

（一）西部地区各省市区在 2004 年雅典奥运会和 2008 年北京奥运会上的表现

中国体育代表团在来自全国各个省市区优秀运动员的共同努力与拼搏下，在 2004 年雅典奥运会上共获得金牌 32 枚、银牌 17 枚、铜牌 14 枚，奖牌总数 63 枚，其中西部地区 12 个省市区共获得 5 枚金牌、5 枚银牌、7 枚铜牌，奖牌总数 17 枚，所占百分比分别为 15.6%、29.4%、50% 和 26.9%；在 2008 年北京奥运会上共获得金牌 51 枚、银牌 21 枚、铜牌 28 枚，奖牌总数 100 枚，其中西部地区获得 9 枚金牌、4 枚银牌、7 枚铜牌，奖牌总数 20 枚，所占百分比分别为 17.6%、19.0%、25% 和 20%。

（二）西部地区的奥运竞技体育特征

1. 奖牌单纯数量的加减变化整体呈现贡献负增长

通过统计与核算，西部地区 12 个省市区在北京奥运会上所获奖牌总数比雅典奥运会所获奖牌总数多 3 枚，相对所获金牌数多 4 枚，所获银牌数减少了 1 枚，铜牌数相对持平。从表面上看，西部地区在奥运会上竞技体育水平还是有提高的。从雅典和北京两届奥运会对比来看，西部地区获得奖牌就全国而言所占比重增长发生变化，具体表现在所获金牌、银牌、铜牌、奖牌总数增长百分比分别为 2%、- 10.4%、- 25% 和 - 6.9%。除金牌总数在全国占有比例有实际意义的正增长外，银牌、铜牌、奖牌总数总和相对减少、持平和增加，但银牌、铜牌、奖牌总数在全国占有比例上均有所降低，呈现负增长。这种负增长说明了西部地区在奥运会这一竞技体育最高的舞台上获得的优异成绩在全国范围内的贡献与影响在减少，但这不能说明竞技体育水平的倒退与降低，而是说明了奥运会竞技体育竞争的激烈与残酷、各个国家与我国各个省市区高度重视与参与的多边性与目标一致性，也从根本上证明了西部地区有人力、物力、财力在世界竞技体育舞台上站稳脚跟并从无到有、从小到大、由弱到强的一个渐变经历过程。

2. 获得奖牌的地域突增

根据统计，2008 年北京奥运会全国共有 24 个省市区获得了奥运奖牌。西部地区参加雅典和北京奥运会所获奖牌的地域由 2004 年雅典奥运会的四川、陕西、广西、云南 4 个省区扩展到 2008 年北京奥运会的四川、陕西、广西、内蒙古、贵州、新疆、甘肃、重庆 8 个省市区。其中，云南省由于在 2008 年北京奥运会上未获 1 枚奖牌而淡出西部获奖地域，相反内蒙古、贵州、新疆、甘肃、重庆五省市区的优异表现成为西部地区奥运会获奖的新增省市区。目前西部地区有 75% 的省市区获得过雅典或北京奥运会奖牌，仅有宁夏、青海、西藏三省区在雅典和北京奥运会上未获过奖牌。

3. 单一省份的突出与众多省份的靠后

在 2004 年雅典奥运会上，按获得金牌数和奖牌数排位，全国共有 22 个省市区、行业体协等单位获得了奥运奖牌，西部地区中的云南、陕西、四川、广西和贵州分别排在全国的第 15、第 16、第 18、第 19 和第 22 位，西部地区的其他省市区均榜上无名。从整体排名上看，西部地区部分获得奖牌的省区排名比较靠后且比较集中。

北京奥运会开始前，汶川大地震让中国四川遭受惨重打击，但在北京奥运会上，四川体育健儿的表现却让所有人感到振奋。在我国各省市区奖牌榜上，四川以 4 金、2 银、2 铜、奖牌总数 8 枚的成绩位居全国第 6 名，一跃成为全国竞技体育强省。陕西以 2 金、1 铜、奖牌总数 3 枚的成绩位居全国第 14 名；广西、贵州、内蒙古均以 1 枚金牌位居全国并列第 15 名，其中内蒙古打破奥运无奖牌历史，实现金牌零突破的壮举，贵州也实现了奥运金牌的突破，让世人刮目相看；新疆、甘肃、重庆因在奥运会上获得奖牌而取得全国并列第 21 名的好成绩，这是 3 个省市区首次在奥运会上获得奖牌，实现了奥运奖牌的历史性突破。

从名次上看，四川省一枝独秀，跨入体育大省与强省之列，陕西、广西、贵州、内蒙古四省区仍处于全国竞技体育的中下游水平，新疆、甘肃、重庆和其他西部地区省区竞技体育水平仍处于全国下游位置。

4. 地区内部差距明显

四川、陕西、广西三省在两届奥运会上表现相对稳定，始终位列西部地区奥运会三甲行列，如按两届奥运会所获奖牌总数排序，贵州、云南、新疆并列第4名，内蒙古、重庆、甘肃并列第5名，宁夏、青海、西藏三省区未在两届奥运会获得1枚奖牌而位列西部地区最后位置。

西部地区12个省、市、自治区中，四川以两届奥运会5金、4银、3铜、奖牌总数12枚的成绩位居西部地区之首，在西部地区排名第1位，是西部地区奥运奖牌第一集团中唯一的省份。陕西和广西两省以两届奥运会奖牌总数8枚和5枚的成绩位居西部地区的第2、第3位；贵州、云南、新疆三省区以两届奥运会奖牌总数3枚的成绩并列西部地区的第4位；内蒙古、重庆、甘肃三省市区以两届奥运会奖牌总数1枚的成绩并列西部地区的第5位；宁夏、青海、西藏三省区在两届奥运会未获奖牌而并列西部地区的第6位。由此可见，除四川外，陕西、广西、贵州、云南、新疆、内蒙古、重庆、甘肃八省市区成为了获得奥运奖牌的第二集团军，宁夏、青海、西藏三省区形成了未获奥运奖牌的第三集团军。西部地区的第一集团军四川与第二集团军领头羊陕西有着2金、2银、奖牌总数4枚的巨大差距。在获奖的第二集团军中第3位广西与第2位的陕西有着1金、2银、奖牌总数3枚的差距；并列第4位的云南、贵州和新疆三省区虽然在奖牌总数上与广西有3枚之差，但云南以在雅典奥运会获得2金、1银的成绩暂居云南、贵州、新疆三省之首，贵州以2008年北京奥运会金牌零突破，1枚金牌，两届奥运会2枚银牌的成绩暂居第2位，新疆以2008年北京奥运会奖牌历史性突破获得1银2铜而位居云南、贵州、新疆三省区末位。并列第5位的内蒙古、甘肃、重庆三省市均以2008年北京奥运会全国各省市区奖牌榜新军的面孔出现，尽管它们各获1金、1银、3铜，但仍以奥运奖牌新军的姿态让国人眼前一亮，在全国范围内崭露头角占得一席之地。位列第三集团军的宁夏、青海、西藏三省区在两届奥运会中始终未取得奖牌零的突破，由此可见，西部地区第三集团军与第二集团军存在巨大差距。

5. 地区内部所获奖牌增速不一

任何事物的发展均要经历由小到大，增减返复，由量变到质变的发展过程。竞技体育的发展也是如此。通过对西部地区所获奥运奖牌的统计与分析发现，同一地区内的不同地域所获奖牌数量增减呈现不同的地域特点。按增长类型分为以下几种：

一是单一稳定增长型省份，以四川为代表。雅典和北京两届奥运会，四川单从金牌来看净增长了 3 枚，铜牌净增长了 1 枚，所获银牌数没有变化。

二是增减变化型省份，这里以陕西、贵州为代表。相对雅典奥运会，陕西在北京奥运会上金牌净增长了 1 枚，银牌净减少了 2 枚，铜牌净减少了 1 枚；贵州金牌净增长了 1 枚，而铜牌却净减少了 2 枚。

三是减变型省区，这里以云南和广西为代表。云南省在雅典奥运会上斩获 2 金 1 银，而 4 年后的 2008 年北京奥运会则 1 枚奖牌未得到，衰减速度让人吃惊；广西则金牌和银牌无增长变化，但铜牌却净减少了 1 枚。

四是突变增加型省区，这里以内蒙古、新疆、甘肃省区最为典型。在 2004 年的雅典奥运会上，内蒙古、新疆、甘肃三省市未获得 1 枚奖牌，但在 2008 年北京奥运会上却取得了 1 金 1 银 3 铜的历史好成绩，令国人眼前一亮。

五是不变型省区，是指在两届奥运会上未获 1 枚奖牌的宁夏、青海、西藏三省区。

西部地区的奥运奖牌获得区域类型，无论是单一稳定增长型、增减变化型、减变型都是在两届奥运会平台上展现所得，涉及的这些省市区都为国家和人民做出了巨大贡献，有的奖牌增长点多且稳定，有的获得奖牌点不多且不稳定，有的在走下坡路，有的突然爆冷，这都说明西部地区的竞技体育还处于一个不稳定的时期，也证明了竞技体育的长期性、复杂性、艰难性及不可预测性。

（三）西部地区所获奥运奖牌的分布区域特点

综合西部地区参加上述两届奥运会比赛获得奖牌情况，在地域分布上，西部地区由 2004 年雅典奥运会获得奖牌的四川、陕西、云南、广西四省区扩展到 2008 年北京奥运会的新疆、甘肃、内蒙古、重庆、贵州 5 个省市区，仅西部地区 12 个省市区中的宁夏、青海和西藏三省区未在奥运会比赛中获得奖牌。在地图上西部地区标注获得奥运奖牌区域，我们可以看到整个西部地区获得奥运奖牌区域呈"）"形分布，即西部的新疆、甘肃、内蒙古，西部东面的陕西、重庆、贵州，西南地区的广西、云南，接近西部地区中部的四川9个省市区连成一线，其中四川为整个西部地区收获奥运奖牌的大区及中心区域（见图3—1）。

图3—1　西部地区各省市区参加两届奥运会获得奖牌区域变化图

二　"十五"和"十一五"规划期间西部地区的全运会竞技体育发展水平

"十五"和"十一五"规划期间共举行了2001年的广东第九届全运会、2005年的江苏第十届全运会和2009年的山东第十一届全运会三届全运会，10年间举办了三届全运会无论在我国体育史和全运会史上都是史无前例的。西部地区在当地政府的大力支持下，全部参加了这三届全运会。在这三届全运会上，西部地区各省市区的表现不一，竞技体育水平得到了充分的展现，这种展现说明了西部地区的竞技水平与国内其他省市区的差距以及西部地区内部各省市区竞技体育发展的差异性和不均衡性。

（一）西部地区各省市区竞技体育水平在全国的位置

西部地区各省市在 10 年间参加第九、第十、第十一届全运会所获金银铜牌总数在全国排名假定以 1—5 名为界限分成不同等级，西部地区 12 个省市区竞技体育水平在全国的发展变化情况如下：

1. 全国第 11—15 名

四川在第九、第十、第十一届全运会上以奖牌总数 26.5 枚、44 枚、46.5 枚的成绩位居全国第 13、第 14、第 12 位。

2. 全国第 16—20 名

西部地区只有陕西在第九、第十一届全运会上以奖牌总数 17 枚、14.5 枚的成绩居全国第 17、第 18 位。

3. 全国第 21—25 名

广西在第十一届全运会上以奖牌总数 11 枚的成绩居全国第 21 位。内蒙古在第十一届全运会上以奖牌总数 18 枚的成绩居全国第 22 位。贵州在第十一届全运会上以奖牌总数 10 枚的成绩居全国第 23 位。云南在第九、第十、第十一届全运会上以奖牌总数 20 枚、19 枚、11.5 枚的成绩居全国第 21、第 21、第 24 位。新疆在第十届全运会上以奖牌总数 10.5 枚的总成绩居全国第 25 位。甘肃省参加第九、第十届全运会上以奖牌总数 14.5 枚、7 枚的成绩居全国第 24、第 23 位。

4. 全国第 26—30 名

贵州在第九、第十届全运会上以奖牌总数 8.5 枚、3 枚的成绩居全国第 29 位。重庆在第十、第十一届全运会上以奖牌总数 4.5 枚、6 枚的总成绩居全国第 29、第 28 位。新疆在第九、第十一届全运会上以奖牌总数 9 枚、10.5 枚的成绩居全国第 26、第 29 位。

5. 全国第 30 名以外

西藏、青海、宁夏三省区在第九、第十、第十一届全运会上获得的奖牌总数均在 30 名以外，始终没有突破 30 名。

由上述分析可以看出，在西部省市区中，四川竞技体育水平处于全国整体的中上游，陕西紧随其后，而广西、内蒙古、贵州、云南位于全国中下游水平，重庆、新疆、甘肃、西藏、青海、宁夏则属全国倒数之列。

（二）西部地区各省市区竞技体育发展水平的总体名次所属集团划分

通过对历届全运会奖牌进行分析，西部地区竞技体育水平从整体上看可分为 3 个集团：四川的竞技体育水平处于西部地区领头羊的位置，四川在第九、第十、第十一届全运会上分别居全国第 13、第 14、第 12 位，与西部地区其他 11 个省市相比名列前茅，一枝独秀。陕西在第九、第十一届全运会上成绩居全国第 17、第 18 位，紧随其后，形成西部地区竞技体育的第一集团。甘肃、广西、内蒙古、贵州、重庆、云南、新疆等省市区形成西部地区竞技体育的第二集团。这些省市区在历届全运会的最好的排名分居 21—30 名。西藏、青海、宁夏三省区形成西部地区竞技体育的第三集团，这三省区在第九、第十、第十一届全运会上获得的奖牌总数均在 30 名以外，始终没有突破 30 名大关。

（三）西部地区各省市区竞技体育发展水平的地域发展变化

1. 奖牌总数增长型省市区

在三届全运会中，内蒙古在第九、第十、第十一届全运会上分别获得 14.5 枚、15.5 枚、18 枚奖牌；新疆分别获得 9 枚、10.5 枚、10.5 枚奖牌；西藏在第九、第十一届全运会上分别获得 1.5 枚、2.5 枚奖牌。从时间推移及获得奖牌总数上，内蒙古、新疆和西藏呈完全增长态势，是西部地区奖牌增长的重要一极。从地域上看，内蒙古、新疆和西藏分别位列单独区域的北部、西部、西南部。

2. 奖牌总数减少型省市区

广西在第九、第十、第十一届全运会上分别获 22 枚、19 枚、11 枚奖牌，云南也分别获得了 20 枚、19 枚、11.5 枚奖牌。广西和云南在参加三届全运会上奖牌总数呈现明显的下滑趋势，同时两省同在第十、第十一届全运会上奖牌总数下降幅度巨大，分别达到了 8 枚和 7.5 枚。广西和云南均位于西部地区的西南部。

3. 奖牌总数起伏变化型省市区

经过统计、对比同一省市区三届全运会所获奖牌总数的变化情况，四川三届全运会奖牌总数为 46.5 枚、44 枚、46.5 枚，第九届和第十一届全运会获得奖牌总数持平，第十届全运会获得奖牌总数降低；另外，青海三届全运会所获奖牌总数分别为 3 枚、2 枚、3 枚，与四川相似，均属于平稳、中间起伏变化的省份；陕西三届全运会的奖牌总数分别是 17 枚、14 枚、14.5 枚，重庆三届全运会的奖牌总数分别是 7 枚、4.5 枚、6 枚，甘肃三届全运会的奖牌总数分别是 14.5 枚、7 枚、10.5 枚，这 3 个省市连续三届全运会上的奖牌总数表现出减少和上升现象，且第十一届全运会所获奖牌总数均要低于第九届全运会所获奖牌总数，是属于由高走低、中间起伏变化型的省市；贵州三届全运会的奖牌总数分别是 8.5 枚、3 枚、10 枚，宁夏三届全运会的奖牌总数分别是 3.5 枚、2 枚、6 枚，贵州和宁夏在三届全运会上所获奖牌总数均呈现头低、中间减少、尾高于头的增长态势，是属于由低走高、头尾起伏增长型省份。

在上述 7 个省市区中，属于平稳、中间起伏变化型省份的四川和青海，分别位于西部的西南和西部地区；属于由高走低、中间起伏变化型省份的陕西、甘肃位于西部的西部地区，重庆则位于西部的西南地区；属于由低走高、头尾起伏增长型省份的贵州和宁夏则分别地处西部地区的西南和西部地区。除四川和青海在三届全运会上所获奖牌总数比较平稳、变化不大以外，属于由低走高、头尾起伏增长型省份的贵州和宁夏是整个西部地区的另一个全运会奖牌数增长区域，同时也是重要的提高整个西部竞技体育水平的另一个增长极。

从整体上看，内蒙古、新疆、西藏、贵州和宁夏五省区为全运会所获奖牌增长型省区，占西部地区 12 个省市区的 41.6%；奖牌总数直接减少或逐渐减少型省市区广西、云南、陕西、重庆、甘肃占西部地区 12 个省市区的 41.6%；三届全运会所获奖牌总数变化不大较为平稳的四川和青海各占西部地区 12 个省市区的 16.6%。

在西南五省市区中，仅有西藏、贵州为全运奖牌增长型省区，云南和重庆为全运奖牌减少型省市，四川为全运奖牌无重大变化省份。

在西部五省区中，新疆、宁夏为全运奖牌增长型省区，陕西和甘肃为全运奖牌减少型省份，青海为全运奖牌无重大变化省份。

（四）西部地区的各省市区奖牌总数排名及所属集团划分

经统计，四川在三届全运会上以金牌 26.5 枚、银牌 49 枚、铜牌 61.5 枚、奖牌总数 137 枚的优异成绩名列西部地区 12 个省市区第 1 名；广西则以获金牌 16.5 枚、银牌 19.5 枚、铜牌 16 枚、奖牌总数 52 枚的优异成绩名列西部地区 12 个省市区第 2 名；云南则以获金牌 13.5 枚、银牌 19 枚、铜牌 18 枚、奖牌总数 50.5 枚的优异成绩名列西部地区 12 个省市区第 3 名；内蒙古以获金牌 12.5 枚、银牌 11.5 枚、铜牌 24 枚、奖牌总数 48 枚的优异成绩名列西部地区 12 个省市区第 4 名；陕西以获金牌 16.5 枚、银牌 16 枚、铜牌 13 枚、奖牌总数 45.5 枚的优异成绩名列西部地区 12 个省市区第 5 名；甘肃以三届全运奖牌总数 32 枚位列西部地区第 6 名；新疆以三届全运会奖牌总数 30 枚的成绩位列西部地区第 7 名；贵州以三届全运会奖牌总数 21.5 枚的成绩位列西部地区第 8

名；重庆以三届全运会奖牌总数 17.5 枚的成绩位列西部地区第 9 名；宁夏以三届全运会奖牌总数 11.5 枚的成绩位列西部地区第 10 名；青海和西藏分别以三届全运会奖牌总数 8 枚和 4 枚的成绩位列西部地区第 11、第 12 名。

按这三届全运会所获奖牌总数核算，四川以 137 枚奖牌位列第一集团军且是唯一省份；广西、云南分别以超 50 枚奖牌的 52 枚、50.5 枚奖牌数，以及内蒙古、陕西分别接近 50 枚奖牌的 48 枚、45.5 枚奖牌数位居西部地区第二集团军；甘肃、新疆、贵州以超过获得 20 枚奖牌总数的 32 枚、30 枚、21.5 枚位列西部地区的第三集团军；重庆、宁夏、青海、西藏以不足 20 枚奖牌总数的 17.5 枚、11.5 枚、8 枚和 4 枚位列西部地区的第四集团军。通过比对，第一集团中一枝独秀的四川比第二集团中的广西、云南、内蒙古、陕西整体实力与水平上要高出一筹，具有显著的优势。第二集团军中的广西、云南、内蒙古、陕西四省区整体实力比较接近，相互间差距较小。同理，第三集团军与第二集团军整体实力与水平有明显的差距，第四集团军与第三集团军整体实力与水平有一定的差距。整体上 4 个集团均存在巨大的差距和差异，整体实力与水平均处于相对的不同位置，这更表示西部地区竞技体育发展的不均衡性以及竞技体育水平高低零散的地域特征。

（五）西部地区各省市区所获奥运奖牌和全运奖牌的相互关系及地域分布比对

经过统计比对，西部地区的四川在两届奥运会和三届全运会上夺得金牌数、银牌数、铜牌数和奖牌总数均名列前茅，牢牢占据西部地区竞技体育发展水平之首的位置。陕西、广西、云南三省区虽然奖牌数略有不同，但整体实力还是居西部地区的第 2、第 3、第 4 位。内蒙古作为竞技体育水平快速发展的一个区域，不但三届全运会奖牌累计总体排第 4 位，而且奥运奖牌的贡献数量排在了整个西部地区的第 7 位，处于接近中游的位置，是快速增长极中的一极。贵州则与内蒙古情况相反，整体全运会成绩在中下游，奥运会奖牌贡献率较高，排西部地区第 5 位。重庆、新疆、甘肃三省市区整体竞技水平与实力在这 10 年间的变化不大。宁夏、青海、西藏位处西部地区最后几位，全运会奖牌累计数量与上一集团的重庆、新疆、甘肃有 6 枚、18.5 枚、21.5 枚的巨大差距，另外，宁夏、青海、西藏是在参加奥运会的历史上始终没有获得奥运奖牌的省区。从地域上看，

四川几乎位于整个西部地区的中部地区，也可以说是"中心极"或者是
"极化始发区"。地处我国中部的陕西与西部西南边陲的云南和广西形成
了一个夹杂重庆和贵州的第二集团军三角区。自重庆至甘肃、新疆形成了
一个向西的狭长的第三集团军区域，而宁夏、青海、西藏向西南方向也形
成了狭长的第四集团军区域。内蒙古和贵州作为快速增长的力量掺杂在第
二、第三集团中间（见图3—2）。整体上看，西部地区竞技体育水平落后
的省份（重庆、甘肃、新疆，宁夏、青海、西藏）大部分集中在西部地

图3—2　西部地区竞技体育综合实力集团划分与地域分布

区中的西部，占整个西部地区面积的近2/3，这也是西部地区竞技体育水
平不高的一个关键性因素。西部地区的竞技体育大省大多集中在西部地区
的东部，四川、云南、广西、贵州、陕西外加内蒙古六省区形成"凸"
梯形区域。从地图上看，西部地区的东部的体育竞技水平与实力要明显高
于西部地区的西部，呈现"东强西弱"的局面。

（六）西部地区各省市区的优势项目与优势项目地域分布

西部地区各省市区在两届奥运会和三届全运会上努力拼搏，为国家荣誉和本省市区的体育竞技水平提高做出了贡献。为了更好地描述西部地区竞技体育水平状况，我们将连续在两届奥运会同一项目上获得奖牌的界定为传统优势项目，将在奥运会上获得奖牌的项目界定为突出优势项目，将连续在两届全运会同一项目获得金牌的界定为优势项目，将连续在两届全运会同一项目获得奖牌的界定为潜在金牌优势项目，以此来具体分析项目与区域分布情况。

西部地区在两届奥运会的竞技体操、帆板、曲棍球、艺术体操、花样游泳、网球、举重、射箭、拳击、射击、跳水、沙滩排球、羽毛球、场地自行车14个项目上获得了奖牌。通过分类分析，四川的传统优势项目有竞技体操、帆板、花样游泳、网球，突出优势项目有曲棍球；广西的传统优势项目是举重和射箭；新疆的传统优势项目是拳击、射箭、沙滩排球，突出优势项目有羽毛球；陕西的传统优势项目是射击与跳水；内蒙古的突出优势项目是拳击和场地自行车；贵州和重庆拥有的突出优势项目分别是拳击和羽毛球。

西部地区在第十届全运会的田径、举重和拳击等15个项目上，夺得了金牌，在31个项目上获得了银牌和铜牌；在第十一届全运会的游泳、皮划艇、体操等22个项目上获得了金牌，在30个项目上获得了银牌和铜牌。

西部地区各省市区具体优势项目的分布情况如下：田径部分项目主要分布在广西、云南、四川和重庆四省市区；摔跤和举重部分项目主要分布在广西；拳击部分项目主要分布在贵州和新疆；跳水部分项目主要分布在四川和陕西；还有17个项目零散分布在除青海、西藏以外的十省市区中。

西部地区各省市区具有潜在金牌优势的项目的分布情况如下：速度赛马主要分布在内蒙古；柔道部分项目主要分布在内蒙古和四川；拳击部分项目主要分布在内蒙古、云南、贵州、四川、新疆和重庆；马术和射箭主要分布在新疆；武术套路主要分布在广西、宁夏和陕西；摔跤部分项目主要分布在内蒙古和广西；田径部分项目主要分布在内蒙古、广西、云南、四川、陕西、新疆和甘肃等省区；跆拳道部分项目主要分布在广西和四川；游泳和举重主要分布在广西；射击部分项目主要分布在陕西；跳水部分项目主要分布在广西和陕西；自行车项目主要分布在云南和四川；激流回旋项目主要分布在贵州和四川；体操项目主要分布在四川和陕西；铁人三项项目主要分布在甘肃；沙滩排球项目主要分布在四川和新疆；艺术体操、赛艇、网球、花样游泳、皮划艇部分项目主要分布在四川。还有12个比赛项目大部分主要分布在四川，小部分分布在贵州、广西、甘肃、内蒙古、重庆五省市区。

通过梳理，西部地区的传统优势项目和突出优势项目区域以地处西部近中部的四川为中心，以新疆—内蒙古—陕西—重庆—贵州—广西一线呈数字"7"形排列分布。西部地区的优势项目和潜在金牌优势项目区域分布在各省市区，尽管有的省份表现比较突出，但仍隐现"网格型"分布（见图3—3）。

图3—3 西部地区竞技体育优势项目（含潜在优势项目）地域分布

三 "十五"和"十一五"规划期间西部地区竞技体育的自然与社会人文关联因素分析

（一）自然禀赋与竞技体育

1. 自然环境状况

我国西部地区地域广阔，经纬跨度大，地形、地貌类型复杂多样，区域内气候条件差异显著，西部干旱少雨、西南温湿多雨、青藏高原寒冷，再加上占全国 1/5 以上的人口，随着西部地区生活水平的提高，追求健康与幸福的意识增强，形成了一个庞大的体育人口资源，从中也奠定了培养竞技体育后备人才的基础。面对西部地区的"三大"高原区域，西部地区比较适合开展"耐力型"和"力量型"的竞技体育项目。面对广阔的湖泊、江河等水资源，西部地区又可进一步开展水上竞技项目。西部干旱少雨、西南温湿多雨、青藏高原寒冷的地理气候条件是运动员必须克服的自然困难，也是进一步培养运动员坚毅和吃苦耐劳等意志品质的一个先天的、必须突破的条件。

2. 国民体质状况

根据 2009 年《体育年鉴》发布的国民体质综合指数统计，西部地区12 个省市区国民体质综合指数平均数为 97.91，其中超过国民体质综合指数平均数 100 的有内蒙古、四川和云南，国民体质综合指数最低的省区是贵州、青海和西藏。国民体质综合指数所反映的西部地区国民的身体形态、身体机能和身体素质等状况整体上呈现"东强西弱"的局面。鉴于此，西部地区当前亟须解决的问题是如何提高西部地区的国民身体状况水平，只有从整体上提高西部地区的人口身体机能、身体素质，才能真正提高西部地区竞技体育发展水平，这也是西部地区实现竞技体育大区和强区目标的必要条件。

（二）经济条件与竞技体育发展

自改革开放以来，全国各省市区以经济建设为突破口，随着经济形势的逐年好转，各省市区也纷纷加大了对体育事业的投入。奥林匹克争光计划的实施，直接推动了全国各省市区竞技体育水平的提高，这与当地政府的经济支持有很大的关系。所以，体育学术界也广泛认为当地的国民生产总值与奥运奖牌有很大的关联性，即国民生产总值高的地区获得的奥运奖牌、全运奖牌也相对较多。但是，西部地区是否也遵循这样的规律呢？这里，同样以西部大开发战略实施以来 10 年间中国参加两届奥运会和国内二届全运会的举办年份为例：采用当年 GDP 与所获奖牌数进行统计比较与分析，我们可以看到在国内的全运会赛场上，在全运年当年 GDP 值高的省份，其所获全运奖牌数也相对较多；全运年当年 GDP 值较低的省市区所获全运奖牌数也相对较少；西部地区各省市区全运会当年 GDP 排位与全运所获奖牌数排位基本一致，两组排位中有不一致的，但排位差数不大，仅相差 1—2 位；参照当年的 GDP 值，西部地区的竞技体育大省仍保持着前面所分析的集团位序，相对应的区域也没有任何变化；相对全运会 4 年一个周期，西部地区各省市区 4 年的 GDP 增长率发生了重大变化，最高达到了增长 122.72%，最低也达到了增长 63.96%，但两届全运会所获奖牌数的增长率却远远不及 4 年 GDP 的增长率，两者存在很大的差距。GDP 的大省和竞技体育大省大部分保持了较低的奖牌增长率，如四川、陕西的奖牌增长率均未超 6%。相反，GDP 值和竞技体育水平处于中下游的五省市区却保持了较高的奖牌增长率。超过增长 200% 的省区有贵州和宁夏，平均奖牌增长率在 34% 左右的省市有重庆和甘肃，青海和内蒙古的奖牌增长率分别达到了 50% 和 16.12%。同时，相对 GDP 较高和竞技体育大省的广西和云南呈现了 41% 左右的负增长。这些现象预示着相对优秀的竞技体育大省，在迈向全国竞技体育强省的道路上，遇到了奖牌上升空间发展的瓶颈。相对薄弱的省市区竞技体育水平，正在以较高的增速追赶着昔日的竞技体育大省，部分竞技体育大省在两届全运会上出现了竞技体育水平严重下滑的问题。

在两届奥运会赛场上，西部地区的经济实力强者继续验证了经济实力强大与获得奖牌数的内在关联关系。两届奥运会当年 GDP 的变化与增长同所获奖牌增长率在西部地区大部分省市区中基本相一致，如四川、重庆和甘肃；有的省区奖牌增长率还大大超过 GDP 增长率，如新疆；有的省区奖牌增长率出现了负增长，如陕西、广西和贵州；还有就是宁夏、青海、西藏三省区的 GDP 增长率高但奥运奖牌增长率为零。这说明了西部地区大多数省市区在国际赛场上开始崭露头角，推动和提高了西部地区的竞技体育发展和水平，但宁夏、青海、西藏三省区与之相反，其竞技体育水平的发展落后于西部地区整体竞技体育水平。

（三）政府经济投入与竞技体育发展

自新中国成立以来，国家体育事业的发展与取得的成绩一直是政府大力支持与资金投入的体现与结果。改革开放后，相对国家实施的"奥林匹克战略"与体育职业化改革以及以"举国体制"为主的政府投入行为，西部地区也并不例外。西部大开发的实施，不仅使西部地区取得巨大经济变化，而且随着经济形势的好转，国民生产总值的连年翻番，地方政府也随之加大了对体育事业财政拨款的投入，这其中也包含了对体育竞赛、优秀运动队、训练等专项经费的投入。

2005 年、2008 年、2009 年西部地区各省市区体育事业财政拨款额度占国民生产总值的百分比分别是 0.067%、0.061%、0.067%。2005 年西部地区体育事业财政拨款额度占国民生产总值百分比最高的是西藏，为 0.147%，达 3687 万元（当年的国民生产总值为 251.21 亿元）；最低的是内蒙古和青海，为 0.045%，分别达 17651 万元和 2428 万元（当年的国民生产总值分别为 3895.55 亿元和 543.32 亿元）。2008 年西部地区体育事业财政拨款额度占国民生产总值百分比最高的是宁夏，为 0.129%，达 14134 万元（当年的国民生产总值为 251.21 亿元）；最低的是内蒙古，为 0.031%，达 24363 万元（当年的国民生产总值为 7761.8 亿元）。2009 年西部地区体育事业财政拨款额度占国民生产总值百分比最高的是青海，为 0.091%，达 9816.8 万元（当年的国民生产总值为 1081.27 亿元）；最低的是西藏自治区，为 0.003%，达 164 万元（当年的国民生产总值为 437 亿元）。

2005 年、2008 年、2009 年西部地区各省市区用于体育竞赛的支出占体育事业财政拨款额度百分比分别是 14.34%、17.38%、23.88%。2005 年西部地区各省市区用于体育竞赛支出费用占体育事业财政拨款额度百分比最高的是宁夏，为 54.53%，达到 2586 万元（当年体育事业财政拨款 4742 万元）；最低的是重庆，为 0.95%，达到 149 万元（当年体育事业财政拨款 15604 万元）。2008 年西部地区各省市区用于体育竞赛支出费用占体育事业财政拨款额度百分比最高的是青海，为 39.01%，达到 4469.8 万元（当年体育事业财政拨款 11457.6 万元）；最低的是重庆和甘肃，同为 0.67%，分别达到 1488.4 万元和 1536.3 万元（当年体育事业财政拨款分别是 22298.5 万元和 23020.2 万元）。2009 年西部地区各省市区用于体育竞赛支出费用占体育事业财政拨款额度百分比最高的是西藏，为 133.23%，达到 218.5 万元（当年体育事业财政拨款 164 万元）；最低的是云南，为 3.05%，达到 1512.6 万元（当年体育事业财政拨款 49645.8 万元）。

从整体上来看，西部地区各省市区政府 2005 年、2008 年、2009 年在体育事业财政拨款额度和在体育竞赛经费使用上是连年增加的，但西部地区的经济发展状况决定了各省市区对体育事业的投入力度，形成了比例失衡的局面。对于竞技体育水平较低的省市区来说，往往投入较大，但苦于当年国民生产总值太低而导致总体远远低于经济相对发达的竞技体育大省的投入。经济发达，国民生产总值较高，相对的竞技体育大省虽然投入的各项比例略高于或低于当年投入百分比，但由于经济基础扎实而远远高于经济相比欠发达、竞技体育水平较低省份的投入。体育事业财政拨款额度和体育竞赛经费使用的连年增加，以及各项投入的连年提高，都证明和体现了西部地区当地政府对竞技体育的重视。

（四）体育专业人力资源与竞技体育发展

竞技体育事业的发展离不开运动员的储备与培养，优秀教练员的引进，培养载体以及科研单位与人员的鼎力支持。竞技水平的高低与能力最终是靠运动员和教练员的表现来反映。西部地区各省市区经 10 年的培养与储备，在运动员、教练员等人力资源方面的发展也发生了量的变化。

1. 运动员

通过对 2005 年、2008 年、2009 年的《体育年鉴》统计，我们可以看到以下数据的变化：

（1）部分省市区一线、二线、三线运动员总数与比例的变化

以西部地区竞技体育强省运动员储备排序前三名的四川、广西、陕西为例：

2005 年西部地区四川、广西、陕西的一线、二线、三线运动员总数分别为 37141 人、14193 人、12027 人，到 2009 年三省区一线、二线、三线运动员总数比 2005 年分别增加了 6233 人、2827 人、6923 人。2005 年西部地区四川、广西、陕西的一线、二线、三线运动员的比例为 1：0.4：30.4、1：0.8：19.8、1：5.6：26.9，2008 年则为 1：1.8：45.9、1：2.8：12.9、1：3.9：22.3。2005 年西部地区四川、广西、陕西的一线运动员占三线运动员总数比例为 3.28%、4.63%、2.98%，2009 年则为 2.22%、3.41%、1.18%。

以西部地区竞技体育较弱运动员储备排序后三名的宁夏、青海、西藏为例：

2005 年西部地区宁夏、青海、西藏的一线、二线、三线运动员总数分别为 3153 人、2565 人、656 人，到 2009 年三省区一线、二线、三线运动员总数比 2005 年分别减少了 1212 人、增加了 914 人、减少了 21 人。2005 年西部地区宁夏、西藏的一线、二线、三线运动员的比例为 1：1.6：10.8、1：2.6：1.3，2008 年则为 1：2.1：1.7、1：2.7：0.9。2005 年西

部地区宁夏、青海、西藏一线运动员占三线运动员总数比例为 7.48%、11.07%、20.57%，2009 年则为 13.39%、8.59%、21.10%。

通过整理与对比，我们发现西部地区竞技体育大省在运动员储备方面有较大的基数，而且储备运动员、培养运动员的总数增加值较高，一线、二线、三线运动员的比例大幅度增加，而且一线运动员与三线运动员总数比例也呈现增长的趋势。之所以成为体育竞技的大省，与挑选运动员的宽泛度较大和成才率较高有直接的联系。西部地区竞技体育较弱的省份在运动员储备方面不是很理想，宁夏和西藏运动员总数有不同程度的减少，与四川、广西、陕西在数量上有较大的差距，并且西藏还有继续减少的趋势。一线、二线运动员的比例较高，但三线运动员的比例却较低，而且三线运动员从比例上看还是呈下降的趋势。一线运动员与三线运动员总数的比例较高，但相对的运动员储备总数较低与不足严重影响了宁夏、青海、西藏竞技体育的发展，运动员储备薄弱是造成宁夏、青海、西藏三省区竞技体育水平较低的一个关键性因素。

（2）优秀运动员数量的变化

以西部地区竞技体育强省优秀运动员储备排序前三名的四川、广西、云南为例：

2005 年西部地区四川、广西、云南三省区一级和二级优秀运动员发展总人数、国际级健将和国家级健将发展总人数分别为 1727 人、47 人，667 人、35 人，553 人、29 人。2008 年则为 2885 人、45 人，1085 人、28 人，469 人、43 人。2009 年四川、广西、云南三省区一级和二级优秀运动员发展总人数则为 3516 人、1039 人、1475 人。

以西部地区竞技体育较弱的优秀运动员储备排序后三名的宁夏、青海、西藏为例：

2005 年西部地区宁夏、青海、西藏三省区一级和二级优秀运动员发展总人数、国际级健将和国家级健将发展总人数分别为 139 人、5 人，86 人、3 人，7 人、1 人。2008 年一级和二级优秀运动员发展总人数、国际级健将、国家级健将发展总人数分别为 110 人、3 人、4 人，5 人、6 人、11 人。2009 年一级和二级优秀运动员发展总人数则为 276 人、175 人、24 人。

通过统计对比，西部地区四川、广西、云南三省区优秀运动员的培养总数明显高于宁夏、青海、西藏三省区，而且差距巨大，其中四川、广西、云南三省区国家健将级运动员以上（含国家健将级运动员）每年的发展人数在 30 名以上，最多达到了 47 名，而宁夏、青海、西藏三省区均在 10 名以下徘徊，显而易见，宁夏、青海、西藏三省区在国际和国内大赛上摘金夺银的能力与水平远远低于西部地区其他省市区，这也就造成了宁夏、青海、西藏三省区竞技体育水平相对落后的局面。

2. 教练员

以西部地区各省市区教练员储备排序前三名的四川、陕西、广西为例：

2005 年西部地区的四川、陕西、广西三省区一线、二线、三线在聘教练员人数分别是 241 人、31 人、746 人，76 人、147 人、555 人，112 人、46 人、597 人；在聘总数分别是 1018 人、778 人、755 人。2008 年分别为 231 人、9 人、806 人，120 人、116 人、548 人，148 人、49 人、637 人；在聘总数分别是 1046 人、784 人、834 人。2009 年上述三省区在聘教练员总数分别是 1090 人、721 人、629 人。2005 年西部地区的四川、陕西、广西三省区一线、二线、三线在聘教练员人数比例分别是 1:0.2:3.1、1:2:7.4、1:0.5:5.6；2008 年为 1:0.1:3.5、1:1:4.6。2009 年四川在聘教练员总数比 2005 年增加了 72 人，而陕西、广西分别减少了 57 人和 126 人。

以西部地区各省市区教练员储备排序后三名的宁夏、青海、西藏为例：

2005 年西部地区的宁夏、青海、西藏三省区一线、二线、三线在聘教练员人数分别是 24 人、30 人、105 人，31 人、147 人、125 人，26 人、6 人、4 人；在聘总数分别是 81 人、183 人、234 人。2008 年在聘总数分别是 152 人、164 人、59 人。2009 年在聘总数分别是 152 人、158 人、48 人。

通过对上述六省区的对比，四川、陕西、广西的在聘教练员总数明显要高于宁夏、青海、西藏三省区。但陕西、广西的在聘教练员总数略有减少，这有可能是重新调整并整合优化教练员资源的结果，通过国内外重大比赛的结果发现，教练员的局部减少并未影响竞技体育成绩，相反奖牌数还有不同程度的增长。宁夏、青海、西藏三省区由于运动员的储备不足，加上教练员编制的限制，在教练员的搭配，运动员与教练员比例上还是相对平衡的，具体的运动员总数直接决定了教练员的配备数量，所以上述三省区在聘教练员数量总体上不多。

3. 国家级培养基地建设

培养高水平的竞技体育人才需要高水平的培养平台。西部地区各省市区根据本地区实际情况，通过近 10 年的建设，截至 2009 年年末，西部地区建立国家高水平体育后备人才基地的情况如下：四川有 15 个，排西部地区第 1 位；广西 9 个，排西部地区第 2 位；陕西 6 个，排西部地区第 3 位；重庆 4 个，排西部地区第 4 位；内蒙古、贵州、云南、新疆四省区各有 1 个，并列西部地区第 5 位；西藏、甘肃、青海和宁夏四省区还没有国家高水平体育后备人才基地。截至 2008 年年末，四川建立国家级传统项目学校 4 所，陕西、重庆、广西、内蒙古、贵州、云南、新疆、甘肃、青海和宁夏各有 2 所，西藏 1 所。这些高水平培养平台的建立为西部地区竞技体育事业的发展提供了良好的储备基础与提升空间。

4. 体育科研院所与研究人员

竞技体育事业的发展离不开体育科研与体育专业研究人员的支持。截至 2010 年，西部地区省级体育专门研究所有 12 个，各地市级体育局体育研究所（处）有 102 个。研究人员涵盖了体育官员、各级专门研究所人员，体育专业院校教师，普通高校体育教师等，形成了一支专门进行体育研究的庞大群体。这些研究部门与研究人员的存在无疑是进一步推进西部地区竞技体育事业发展的强有力的科技生产力。

（五）人文环境与竞技体育发展

1. 竞技体育赛事的承办与推广

竞技体育水平的高低是通过组织与承办体育赛事的平台来展示的。随着西部大开发的推进，经济形势的进一步好转，人们对高水平体育赛事的观赏需求增多。西部地区各省市区根据本地区的人力、物力与财力承办的国际比赛，主办的国家和本地区的奥运项目比赛、非奥运项目比赛、民族传统项目比赛也逐年增多，形成了比较浓厚的体育竞赛氛围与文化，同时一些比赛被固定下来呈常态化，且越来越系统和规范。

西部地区由于地处我国西部，在经济欠发达和交通不便等客观条件约束之下，承办的国际级和国家级的比赛整体上不是很多，即使承办也大多集中在经济比较发达的四川、陕西、重庆和云南、广西等地。承办的项目主要集中在奥运比赛项目的三大球上，非奥运比赛项目偏少，虽然不是较为普及的比赛项目，但都具有比较浓郁的地方特色且有一定的国际影响力，如棋类、汽车拉力赛、自行车赛等。另外，体育职业化后以新疆篮球、陕西足球为代表参与职业联赛的承办相对较多。现在，西部地区各省市区通过每4年举办一次的全省（市、区）运动会以及不同城市、不同层次、不同年龄的运动会，如城市运动会、各行业运动会、老年人运动会，来检验本地区的竞技体育发展成果。

西部地区是我国少数民族的主要聚居地区，少数民族众多，为保护少数民族传统体育文化，各省市区政府在国家的大力支持下，每4年举办一次少数民族运动会，期间还会举办各类中小型的少数民族传统项目的单项比赛。

西部地区自大开发和国家"十五""十一五"规划实施以来，西部地区各省市区平均每年承办国际级比赛最少1项，最多达5项，承办国家级比赛7项，承办本地区省级赛事最少13次。这些赛事的举办及承办不仅推动了当地竞技体育的发展，而且扩大了体育交流，提高了知名度，增强了承办大型赛事的能力，为将来的竞技体育事业发展打下了一个良好的基础。

2. 竞技体育发展规划的编制与效果

自西部地区实施大开发以来，根据国家"十五"和"十一五"规划要求，西部地区各省市区政府把体育作为文化传播，促进当地经济建设，凝聚民心，增强自豪感与荣誉感的一项重要民生任务。竞技体育作为一个独特的体育文化现象，具有其特殊的发展规律。为完成国家三大体育战略，既利国又利民，实现了向竞技体育大省、强省的跨越，西部地区各省市区根据本地区的实际情况，坚持科学发展，科学论证，纷纷制定了适合本省市区体育发展的"十五"和"十一五"体育事业发展规划。在各省市区体育发展规划中，将全运会、奥运会、洲际赛等重大比赛成绩，竞技体育人才培养，教练员交流与培养，体育科学研究，体育场馆建设等列为必须完成的任务和指标。根据各省市区的实际情况，上述竞技体育相关指标在各省市区的体育发展规划中各有侧重。

结合国家"十一五"规划的实施情况，对照西部地区各省市区竞技体育的指标完成情况，我们可以看到大部分省市区基本上能够完成规划所制定的任务。

西部地区第一集团军中的四川在"十一五"期间以北京奥运会4金、2银、2铜，第十一届全运会46.5枚奖牌、西部地区总分第一的成绩超额完成了"夺取 2008 北京奥运会 2—3 枚金牌；2009 年全运会总分获优胜，西部夺第一，争创风尚奖"的目标任务。

第二集团军中的陕西以北京奥运会 2 金、1 铜，第十一届全运会 14.5 枚奖牌、西部地区总分第二的成绩完成了"力争在 2008 年北京奥运会上再获金牌和奖牌"的任务，为国家"奥运争光"做出新贡献；在 2009 年全国第十一届全运会上，金牌、奖牌和团体总分均居西部地区前列，初步实现西部体育强省竞技目标。广西以北京奥运会 1 金、1 铜，第十一届全运会 11 枚奖牌的成绩完成了"力争在 2008 年第 29 届奥运会和 2009 年第 11 届全国运动会上取得好成绩，总体竞争实力居西部地区前列"的目标。云南则以第十一届全运会 11.5 枚奖牌的成绩完成了"2009 年全国第十一届全运会上金牌、奖牌、总分位次处于西部省（区、市）前列"的战略目标。

内蒙古作为近几年竞技体育水平提高最快的省份之一，在第十一届全运会上以 5 金、4.5 银、8.5 铜，北京奥运会 1 枚金牌的重大突破完成了"努力在 2009 年第 11 届全国运动会等国内外大赛中取得优异成绩，在 2008 年北京奥运会上实现奖牌'零'的突破，为国争光的历史使命。"

重庆、新疆、甘肃三省市区实现了在北京奥运会上获得奖牌的新突破，在第十一届全运会上所获奖牌均超上届全运会的既定目标。另外，宁夏在全国第十一届运动会上也实现了夺取金牌的目标任务。

3. 西部地区局部的竞技体育发展战略理论研究与实施

区域体育发展战略是指以我国各省市区为主体的区域体育研究，依据区域体育发展的优势和条件，进一步的发展要求和目标所做的高层次、全局性的宏观谋划。体育发展战略的制定是以客观事实为基础，以具体理论为指导，以目标、规划、模式、措施等为内容的具有指导性的具体实施方案。西部地区早在西部大开发之初就有不少的体育科研人员开始了研究工作，成果和资料相对比较丰富。西部地区竞技体育发展战略研究在不同的时期也呈现出不同的内容与特点。

从相关研究成果发表的时间上分析，2002 年以刘玲为代表的学者开始研究局部地区的体育事业整体发展战略，2008 年前后，发展战略研究达到了波峰的峰顶，随之而来的是有关竞技体育发展战略的研究也达到了一个新高度，并且其他学科如经济学中的一些理论也逐渐融入其中。早期的竞技体育战略研究代表是 2005 年王君侠主持研究的"西部大开发形式下西部地区竞技体育发展战略研究"。此外，从政府政策支持上来看，自2005 年开始，西部地区各省市区体育局纷纷制定并出台"十一五"体育发展规划，并提出了保证实现竞技体育目标的具体措施，为加快竞技体育事业的发展提供了政策性指导文件，这也为西部地区竞技体育的发展研究掀开了新的一页。

早期西部地区的竞技体育发展战略研究大多倾向对本地区的竞技体育发展历程，人、财、物等客观条件进行纵向、准确的描述，并在结尾结论处提出适合本地区竞技体育发展的探索性、可行性的建议和对策。随着研究的进一步深入，竞技体育发展战略的内容由"抽象""空洞"变得"具体"和"丰富"，涵盖"中远期规划""目标""模式""设想"等比较具体的战略理论，如陈明在《内蒙古竞技体育可持续发展战略研究》一文中认为内蒙古竞技体育可持续发展的战略应确定近期目标和长期目标。近期目标是以 2008 年北京奥运会为契机，实现奖牌零的突破。长期目标是优先发展群众体育，大力发展民族体育，有重点地发展竞技体育项目，逐步实现西部地区体育强省的目标，实现竞技体育与群众体育及社会经济协调发展，走依托社会办竞技体育的发展模式。谢强、黄玲在《广西竞技体育可持续发展战略研究》一文中认为广西竞技体育仍应坚持以"灵、小、短、水"为重点发展项目；田径的短跑和跳跃、跳水、游泳、举重、摔跤等项目应作为广西竞技体育重点项目中的核心项目。保持重点项目，以核心项目为广西竞技体育发展提供基础与平台。高民绪在《重庆市竞技体育发展战略研究》一文中明确提出了应以"强三、争二、避一"为总体目标，实现"闪光奖牌"战略。还有王君侠的《西部大开发形势下西部地区竞技体育发展战略研究》、朱晓红的《中国西部地区体育发展战略研究》和罗良友的《重庆市竞技体育发展战略研究》等文章从竞技体育可持续发展的战略目标、项目布局等角度出发，对西部地区竞技体育未来的发展提出了战略设想。

百家争鸣与百花齐放，众多的西部地区竞技体育发展战略研究成果为当地政府制定竞技体育发展战略提供了扎实的理论支撑平台。如重庆于2003 年在学者提出的"赶超战略"的基础上就竞技体育发展提出了"闪光奖牌"战略，随后又提出了"三 J 战略"，即"金牌、精品、精兵"。同时，四川根据本省竞技体育水平与实力情况提出了竞技体育发展的"金牌战略"。西部地区其他省区也相继提出了具有地区特点的竞技体育发展战略。这些竞技体育战略的出台为当时西部地区的竞技体育发展提供了一个切实可行的发展框架及实现目标的路线和时间表,对提高西部各省市区竞技体育水平起到了指导和推动作用。

四　体育强国目标下的西部地区竞技体育定位思考

要建立体育强国,首先要打造竞技体育强省,这样才能为实现体育强国目标做好铺垫,打好基础。在全国范围内,通过对西部地区 12 个省市区参加三届全运会所获奖牌总数的统计可知,西部地区的四川总体排在全国中游偏上的位置;陕西与四川接近,排在接近中游的位置;广西、云南、甘肃、内蒙古四省区排在全国的下游顶部,贵州、重庆、新疆、西藏、青海、宁夏六省市区则完全处于下游水平。从整体上看,在全国范围内西部地区 12 个省市区整体竞技体育水平较低,是竞技体育的弱省,称不上竞技体育大省,与其他竞技体育强省的差距较大。

五　西部地区竞技体育落后的原因分析

通过对西部地区竞技体育水平的定位思考,我们认识到现阶段西部地区竞技体育水平落后这个事实。一个国家在一定的历史时期内,其区域发展不均衡是客观现象,由此,西部地区竞技体育水平落后的现状也不是现在就有的,而是在其竞技体育发展过程中,由于各方面不利因素的积累而逐步形成的。造成西部地区竞技体育水平落后既有历史因素、地理因素、自然因素,也有政治、经济、人文等社会现实因素。

（一）地缘因素是制约西部地区竞技体育发展的客观因素之一

地缘因素指地理位置以及和地理位置相关的气候、自然资源、物质基础、人文条件等。地缘因素是长期自然形成的、既定的、客观的。

西部地区是一个地域辽阔、人口相对稀疏而又分布极不均匀的多民族地区。西部地区地势高峻,地形险阻,多以高原、山地为主,尤其是西部,大多属大陆性干旱、半干旱性气候和高原气候,多数地区不宜农耕,只能放牧。由于地广人稀,经济条件不佳也影响了与外部的沟通和交流。不同的地理环境,再加上 44 个少数民族聚居所形成的少数民族传统习惯及少数民族传统体育文化与现代竞技体育文化的差异,从而影响了现代体育文明的传播进程。西部地区因气候和地理原因使相当一部分现代体育项目无法开展。因交通不便,信息闭塞,现代体育的传播、交流缓慢，竞技体育长期发展缓慢，远远落后于我国东中部地区和东北地区。

（二）地区经济发展的不均衡及城市化缓慢使西部地区竞技体育发展先天不足

通过前面对西部地区近 10 年的国民生产总值的分析对比，证实了西部地区确实与我国的东中部地区在经济发展上存在着较大的差距。由于历史原因以及我国改革开放初期制定的以我国东部沿海地区发展带动我国中部、西部的发展战略，在经济发展上进一步使西部地区经济发展与中部、东部地区的差距加大。另外，西部地区自身的东部地区与西部地区的经济发展也存在一定差距。回顾历史，我们也不难看出，西部地区对竞技体育的投入与国内其他地区相比是有差距的，在经济发展与投入的起点上就明显落后于其他地区。经济发展的不足，造成了对体育场馆、设施的建设，人才培养，训练比赛，竞技体育经费等投入的不足，从而制约和阻碍了社会体育和竞技体育的发展，成为竞技体育发展差距不断扩大的又一因素。

2000 年我国城市分布数量为 663 个，西部地区有 247 个城市，城市数量占我国城市总数量的 1/3，占我国中部城市数量的 1/2；西部地区城市人口仅为我国东部城市人口的 40%、中部城市人口的 48%。众所周知，城市数量与城市人口是衡量区域发展水平的一个重要指标，城市集中了各个方面的有力资源。地域广博、城市稀疏、相对城市人口较少、经济发展水平落后、地貌地势复杂、交通不便，也是致使西部地区竞技体育落后的另一客观因素。

（三）竞技体育的相关支撑资源匮乏是竞技体育发展差距扩大的现实因素

竞技体育的发展依托于社会发展的各个资源的整合支撑。竞技体育的发展与提高最终是靠优秀运动员来实现并完成的。优秀竞技体育人才的培养来源于国民的体质强健与众多的体育人口。

我国 2005 年、2008 年、2009 年的《体育年鉴》反映出我国西部、中部、东部地区的体育人口数量存在明显的差距，呈 "东多西少" 的局面。另外，西部地区的一、二、三线运动员以及在聘教练员数量也与我国中部、东部地区的运动员、教练员储备存在着巨大差距。

在思想观念方面，随着西部大开发被列为国家发展战略，经济的发展和人民生活水平的提高使西部地区人民群众对健康、娱乐、生活方式和体育价值的认识开始有所转变，并且文化、体育的消费比重逐渐上升，追求健康、高质量的生活成为一种趋势。这同时也说明了一种主体意识由生存走向享乐和发展的转变。我国西部地区由于长期受该地区政治、经济、文化诸因素的制约，人们的竞技体育价值观念相对落后，思想相对保守，文化、体育的消费水平仍低于全国平均水平，这些都是西部地区与其他地区竞技体育发展差距扩大的现实因素。

第四章 我国西部地区群众体育事业发展研究

第一节 我国西部地区群众体育事业发展的机遇

群众体育事业是我国体育事业发展的基础，是增强国民体质、提高人民生活质量、促进社会和谐与进步、增强综合国力的重要基础。同时也是实现体育强国战略目标的根本点与出发点。群众体育事业的发展规模和发展水平是体育事业发展的基本标志，同时也是衡量区域经济发展与群众体育事业投入以及国民体质水平的重要指标。

为进一步发展群众体育事业，广泛开展全民健身运动，加快体育强国建设进程，国务院分别于1995年6月、2009年8月、2011年2月颁布了《全民健身计划纲要》《全民健身条例》《全民健身计划（2011—2015年）》3个政策与法规。与此同时，为进一步保证群众体育事业与群众体育工作的稳步推进与有序开展，中共第十届全国人民代表大会第四次会议批准的《国民经济和社会发展第十一个五年规划纲要》中明确提出了加强城乡基层和各类学校体育设施建设，建立比较完善的全民健身体系，开展全民健身活动，提高全民特别是青少年的身体素质，保护发展民族民间体育。这进一步明确了群众体育事业的目标和任务，为以后的群众体育工作指明了方向。

国家在实施西部大开发战略以来，西部地区重点地带开发步伐明显加快，科技教育和卫生、文化等社会事业明显加强，人民生活进一步改善，为实施西部大开发战略奠定了坚实基础。为此，为实现体育强国战略目标以及完成西部大开发的战略任务，西部地区群众体育工作肩负着重要使命。西部地区群众体育工作开展的好坏、繁荣与否都将直接影响到体育强国建设的进程与质量。

西部地区在国家政策与法规的指导下，在各级政府的大力支持下，通过实施西部大开发与国家"十五"和"十一五"建设发展规划的努力，尤其是实施《全民健身计划纲要》10 年来的努力探索与实践，西部地区正在走出一条有地域特色的发展群众体育事业之路，正在形成社会体育蓬勃发展、特色鲜明的新局面。

一　西部大开发政策的实施有力推动了西部地区经济和社会的发展

由于历史、地理等方面的原因，我国西部地区的经济与社会发展与我国其他地区的差距较大，区域间的经济发展与社会不均衡状况越来越突出。为了建设一个充满活力与富强的新西部，党中央和国务院从 20 世纪末开始部署实施西部大开发战略。国家"九五""十五""十一五"规划及《关于进一步推进西部大开发的若干意见》多次强调西部地区要突出抓好基础设施建设、生态建设和产业结构调整、发展科技教育等重大任务，扎扎实实地推进西部大开发。在国家西部大开发政策的支持下，近几年来西部地区经济取得了长足的进步，基础设施建设、经济发展水平、人民生活质量等各方面都取得了较大的提高，进而为西部地区群众体育事业的发展奠定了坚实的物质基础。

二　2008 年北京奥运会对西部地区全民健身体育运动产生积极影响

2008 年北京奥运会是 21 世纪我国社会生活中的一件大事，更是我国体育发展史上一个重要的里程碑。《2001—2010 年奥运争光计划纲要》指出，要"进一步强化奥运意识和全社会参与体育的意识，充分利用北京举办 2008 年奥运会和其他国内国际大型综合性运动会的时机，大力宣传奥林匹克精神，使全社会广泛重视和积极支持奥运战略，形成良好的舆论氛围"，要"充分发挥竞技体育在社会主义物质文明和精神文明建设中的作用，进一步推动全民健身运动的开展。广泛动员社会成员关心和参与体育运动，吸引更多的青少年参与体育运动，提升体育在社会生活中的作用，为有效实施奥运争光计划打下坚实的群众基础"。事实上，以奥运会为代表的高水平竞技运动和以全民健身为主要形式的大众体育，两者存在着内在的固有联系。它们都有同样的手段——身体运动和同样的目标——人的全面发展。因此，从本质上看，这两大体育形态同质异形，相互依存，功能互补。一方面，群众体育是竞技体育的基础，它为竞技体育的发展提供了丰厚的土壤，离开了群众体育的支持，竞技体育就会成为无缘之水、无本之木。另一方面，竞技体育又会为群众体育的发展提供动力支持，推动群众体育向更深、更高层次发展。

由此可以看出，成功举办 2008 年北京奥运会，既有利于提高我国竞技体育运动水平，促进我国竞技体育事业的发展，又将对我国全民体育事业的发展产生巨大的推动作用，从而使我国的群众体育事业和竞技体育事业实现双赢的局面。

三 我国体育体制改革的进一步深化将提供更有力的制度保障和政策支持

针对我国体育发展战略目标本身的变化、社会体育目标的不确定性、社会利益分配格局的变化等因素[1]，我国体育管理体制将向更关注人民的生活质量、调动社会办体育积极性等方向做进一步改革。西部地区经济的发展将会给群众体育事业注入更多的资金与政策支持，势必会使西部地区人民群众体育健身与体育价值观念产生改变、社会结构和人口结构得以调整以及体育运行机制日趋完善，西部地区群众体育事业的发展将得到长足的进步与快速发展。

四 农民体育健身工程带来发展契机

2006 年，《中共中央国务院关于进一步加强农村工作提高农业综合生产能力若干政策的意见》中首次提出了"推动实施农民体育健身工程"。"推动实施农民体育健身工程"，是强化政府对农村的体育公共服务的具体举措，是建设社会主义新农村，有效推动农村体育发展，为广大农民群众办的一件实事，这对西部地区群众体育事业的发展具有深远的指导意义。

---

① 黄文仁：《我国社会体育发展的机遇及其面临的困难》，《体育与科学》2001 第 4 期。

第二节　全面建设小康社会理论与群众体育事业发展概述

一　全面建设小康社会概述

（一）小康社会的含义

"小康"是反映人民生活水平提高程度的标准，它的提出和完善既反映了历史的进步、时代的特征，又体现出政治、经济和社会的发展水平，同时，随着社会的发展，它的内涵也会不断丰富。因此，"小康"一词从提出到完善，经历了一个内涵不断扩大，由定性到定量、定性与定量相结合的过程。

1. "小康"一词的来源

"小康"一词是古老的词汇，在古代共有三种解释。一是早在西周时候，小康一词已出现，表述为生活比较安定的意思。二是儒家把低于"大同"理想的一种社会称为小康社会。三是指家庭经济比较宽裕。如宋人洪迈所著《夷坚志》卷一就有"（刘）痒……久困于穷，冀以小康"的语句。

2. 现代小康社会的提出

1979 年 12 月，邓小平同志当时向日本首相大平正芳诠释小康时，曾经说过，"翻两番，国民生产总值人均达到八百美元，就是到本世纪末在中国建立一个小康社会"。1987 年 10 月召开的党的十三大把这一战略构想目标实现的时间界定为 21 世纪中叶。1997 年 9 月，江泽民同志在党的十五大报告中对建设小康社会的内涵和任务等又做了详细的论述。这样，中国现代化发展的新战略就提出来了。现代小康概念的提出，标志着中国现代化发展战略目标的重大调整。

（二）全面建设小康社会的内涵

党的十六大报告从物质文明、政治文明、精神文明和生态文明这 4 个方面对全面建设小康社会的目标进行了专门的阐述：

一是在优化结构和提高效益的基础上，国内生产总值 2020 年力争比 2000 年翻两番，综合国力和国际竞争力明显增强。基本实现工业化，建成完善的社会主义市场经济体制和更具活力、更加开放的经济体系。城镇人口的比重较大幅度提高，工农差别、城乡差别和地区差别扩大的趋势逐步扭转。社会保障体系比较健全，社会就业比较充分，家庭财产普遍增加，人民过上更加富足的生活。

二是社会主义民主更加完善，社会主义法制更加完备，依法治国的基本方略得到全面落实，人民的政治、经济和文化权益得到切实尊重和保障。基层民主更加健全，社会秩序良好，人民安居乐业。

三是全民族的思想道德素质、科学文化素质和健康素质明显提高，形成比较完善的现代国民教育体系、科技和文体创新体系、全民健身和医疗卫生体系。人民享有接受良好教育的机会，基本普及高中阶段教育，消除文盲。形成全民学习、终身学习的学习型社会，促进人的全面发展。

四是可持续发展能力不断增强，生态环境得到改善，资源利用效率显著提高，促进人与自然的和谐，推动整个社会走上生产发展、生活富裕、生态良好的文明发展道路。

二　全民健身体育概述

（一）全民健身概念

董新光认为，无论是"全民健身战略"还是"全民健身计划"，其"全民健身"所规定的范围是包括社会体育、学校体育和军队体育的一个广阔的范围，即被一些学者认为广义的群众体育的范围，或者说是竞技体育以外的那一部分体育；而狭义的"全民健身"即指群众体育或者说是社会体育，其实质是公民在余暇时间里，为了强健身体、娱悦身心、增进交往、促进发展而自愿参加的自主从事的体育活动。[①] 袁旦也认为，群众体育在广义上是指，在广大社会成员余暇时间中广泛开展的，人们以身体运动作为主要手段，对自己的身心进行改造，获得娱乐享受，提高健康水平，在身心健全发展上不断超越自我，并促进社会物质和精神文明进步的大规模实践。[②] 狭义的群众体育则是指除在学校和武装力量中开展的体育之外，在社会一切其他行业或活动领域人们的余暇时间中开展的体育。由此可见，董新光和袁旦所定义的群众体育或者说全民健身在狭义上具有本质的一致性，都是指人民群众在余暇时间里，自愿参加的以强身健体、愉悦身心、促进个体获得良性发展的身体

---

① 董新光：《全民健身大视野》，北京体育大学出版社 2003 年版，第 39 页。
② 中国群众体育现状调查课题组：《中国群众体育现状调查与研究》，北京体育大学出版社 1998 年版，第 125—126 页。

活动。同时，由于群众体育作为现代体育的重要组成部分，在国外则被称为大众体育。因此，本节把群众体育、全民健身体育以及大众体育作为内涵一致的概念，在此不做区分。

（二）《全民健身计划》（2011—2015 年）的制订及其内容

全民健身关系人民群众的身体健康水平与生活质量，是综合国力提升和社会文明进步的重要标志，是社会主义精神文明建设的重要内容，是全面建设小康社会的重要组成部分。到 2010 年，《全民健身计划纲要（1995—2010 年)》规定的目标任务已经完成。为进一步发展全民健身事业，广泛开展全民健身运动，根据《中华人民共和国体育法》《全民健身条例》和国家经济社会发展的实际情况制订了《全民健身计划》（2011—2015 年）。到 2015 年的总体目标是：城乡居民体育健身意识进一步增强，参加体育锻炼的人数显著增加，身体素质明显提高，体育健身设施更加完善，形成覆盖城乡的全民健身服务体系。坚持体育事业公益性，逐步完善符合国情、比较完整、覆盖城乡、可持续的全民健身公共服务体系，保障公民参加体育健身活动的合法权益，促进全民健身与竞技体育协调发展，扩大竞技体育群众基础，丰富人民群众精神文化生活，形成健康文明的生活方式，提高全民族身体素质、健康水平和生活质量，促进人的全面发展，促进社会和谐和文明进步，努力奠定建设体育强国的坚实基础。

三　全面建设小康社会中的全民健身

（一）全面建设小康社会中全民健身的特征

全面建设小康社会是国家现代化建设进程中具有决定意义的发展阶段，是建设中国特色社会主义的关键一环。全面建设小康社会除了强调提高人们的物质生活水平以外，还更加关注人们的思想素质、道德素质、文化素质和健康素质，而全民健身运动以其具有的特殊本质（增强体质、促进个体自由全面发展）和社会功能（经济、政治、文化），必将在全面建设小康社会的进程中发挥着独特的作用。

1. 全民化和社会化

全民健身最基本的形式就是广大人民群众的广泛参与。群众体育对象的全民性，决定着全民健身范围的社会性。人民群众的体育需求、全民的健身热情和社会的大力提倡将会成为未来社会的时尚潮流，全民健身运动也因此成为全面建设小康社会的重要组成部分。

2. 休闲化和娱乐化

在全面建设小康社会中，随着人民群众生活水平和质量的普遍提高和闲暇时间的增多，在竞技体育事业发展的影响下，享受积极健康的户外休闲运动、参与各种形式的体育锻炼从而达到强身健体、陶冶情操、愉悦身心的目的成为人们追求高质量生活方式的必然选择。休闲、娱乐、观赏、运动健身等也必然成为我国家庭和国民个人首选的全民健身主要方式和内容。

3. 个性化和多样化

人的个性化发展是人的自由全面发展的基础，而全面建设小康社会所追求的目标就是提高全体国民的素质，最终实现人的自由全面发展。多样化的体育活动满足了不同层次、不同群体的人的健身诉求，给人们的个性化发展提供了一个自由驰骋的舞台。个性化的体育活动形式提供了全民健身体育多样性发展的基础。同时，由于群众体育是人们在余暇时间里自愿自主参与的一项健身活动，这就为全面建设小康社会"惠及十几亿人口的"健身体系提供了丰厚的土壤。

4. 生活化和多元化

体育因为能够促进身体健康、优化生活方式、提升生活质量而受到人们的普遍青睐。体育运动的普及意味着体育已经进入大众的日常生活，成为人们提升生活质量、改善生活方式的一种不可缺少的手段。同时，政府和社会为了满足人们多样化的体育需求，就要相应地建立、管理、组织多元化的全民健身服务体系。

（二）全面建设小康社会中的全民健身体系

1. 全民健身体系的概念

依照群众体育本质与功能的规律性和系统性的要求，根据我国群众体育的根本任务和人民群众的体育需求，结合我国群众体育的现实特点和借鉴实施全民健身计划的十余年经验，所谓全民健身体系，就是一个能够为不断满足全体人民体育健身需求，改善全社会体育健身环境条件，明显提高全民族健康素质，提供服务和保障的要素和关系构成的整体。全民健身体系是一个由内容要素、层次要素及其关系构成的三维系统，也是三者和谐、有序的统一体。内容要素，是指这个体系所提供的各项基本服务和各项基本保障的内容。层次要素，是指这个体系提供服务和保障的不同地域。关系是指将内容要素与层次要素联系起来的管理体制和运行机制。没有这样一种管理体制和运行机制，就无法将内容要素和层次要素构成一个整体，也就无法充分发挥全民健身体系的整体功能。所以，全民健身体系不仅是一个内容要素体系，而且是一个层次要素体系。只有通过构建不同地域范围的全民健身体系，才能使不同地域的人民群众真正享受到"亲民、便民、利民"的体育服务。我们不能设想人们跨市、跨县去参加日常的体育健身活动。同时，全民健身体系不仅是一个"要素"体系，而且是一个"关系"体系。只有建立一种有效的管理体制和运行机制，才能统一内容要素和层次要素的目标和功能，整合它们相互之间的资源和条件，从而为人民群众提供更多、更好的健身服务。

2. 全面建设小康社会中的全民健身体系特征

一是全面性。全面建设小康社会中的全民健身就是建设"惠及十几亿人口"的"全民健身体系"，以普遍提高广大人民群众的健康素质，这就要求全民健身体系的建设理念是以人为本，服务对象是全体国民，要尽可能地满足和保障人民群众多样化的体育健身及平等参与体育健身的需求和权力，让全体国民都能享受到体育健身与运动所带来的益于身心健康的乐趣。

二是多元性。全面建设小康社会中的全民健身多元化、社会主义市场经济条件下的经济多元化和中西体育文化的多元并存化特征决定了全民健身体系的多元性。全民健身体系的多元化包括服务对象多元化、组织形式多元化、投入主体多元化以及活动内容多元化①。只有建立多元化的全民健身体系，才能使更多的人民群众参与其中，才能使更广泛的人民群众从中受益，从而最大限度地实现全面建设小康社会的奋斗目标。

三是系统性。现代一般系统理论认为，所谓系统就是由相互联系、相互作用的若干要素结合而成的、具有特定功能的有机整体，它具有整体性、目标性、层次性、开放性等特征②。人们体育需求的多元化和活动形式的多样化要求全民健身体系首先是一个能够为大众提供体育服务和保障的整体，"全民健身体系"中的"体系"也同样要求未来的全民健身体系是具有系统条件和系统功能的全民健身体系。

四是整体性。中国社会发展的不均衡决定了中国群众体育事业发展的不均衡。全民健身体系不能看作是各个区域或各个群体群众体育各个部分

---

① 国家体育总局政策法规司：《群众体育战略研究》，北京体育大学出版社2005年版，第10页。

② 桑玉成：《管理思想史》，上海教育出版社2002年版，第272—273页。

的简单叠加或者总和，而必须是把它作为一个有机的整体，在全面建设小康社会的宏观社会背景下，以可持续的科学发展观建设全民健身体系的整体目标和整体功能。

五是目标性。各个区域制定和实施的本地区的群众体育事业发展规划目标，既要立足于本地实际，又要注意与其他区域以及上下层级尤其是上级行政部门制定的体育发展规划进行横向和纵向比较，相互协调，以便服务于全民健身体系的整体目标。

六是层次性。全民健身体系不但是一个内容体系，同时也是一个层级体系。所谓层级体系，就是通过构建不同层次的全民健身体系实现对不同层级区域人群的覆盖，进而覆盖全体国民。由于我国社会的城乡二元结构性质，因此这个体系又要分为城市体系和农村体系，分别为城乡居民提供服务。我们不仅要建立国家级的、省级的，更要在城市中建设市的、区的、街道的以至于居住区的全民健身体系，从而构成整个城市的全民健身体系；而农村就要建设县的、乡镇的，以至于村的体系，从而构成农村的全民健身体系。只有这样，才能为城乡居民提供更多更好的服务，做到"亲民、便民、利民"。在内容体系上，这个体系又有体育服务体系、体育保障体系和体育支持体系，每个体系又由几个子系统构成①。这样若干个子系统的有序结合就形成了全民健身的层次体系。

七是开放性。全面建设小康社会的全民健身体系应该是一个开放的体系，在投资主体上既包含各级政府，也包括社会各界和个人；在参与主体上要向各个区域、各类人群开放，保障每一个人平等享有体育健身的权利。体系的开放性还包含这样一层含义，即体系开发。体系开发应是在全面建设小康社会的目标的统领下，根据各地区的自然环境和经济、文化、历史传统等社会环境随时代发展而不断进行调整的动态系统。

第三节 我国西部地区群众体育事业发展状况

一 支撑西部地区群众体育事业发展的社会结构

（一）城乡结构

体育价值的实现需要客观社会环境及人口总量的支持。社会结构重要

---

① 桑玉成：《管理思想史》，上海教育出版社 2002 年版，第 272—273 页。

的一方面就是反映城市化水平，西部地区城市人口占区域总人口的 14.3%，低于全国 16.3% 的水平。西部地区内大城市数量少，大部分城市对区域经济及社会发展的驱动能力不足，虽聚集功能强，但扩散功能弱。城市中的中心城市固有的经济、教育、文化和体育等优势难以对周边中小城市及广大农村地区产生辐射作用，这对推行全民健身计划十分不利。由于政府对小城镇投资较少，西部地区大部分小城镇薄弱的经济储备难以提供充足的建设资金进行基础设施建设，使得城镇规模普遍较小，城市化水平较低，而城镇对农村推动"全民健身计划"的实施却有着重要意义。西部地区部分省区建制镇仅占本省区乡镇总数的 10% 左右，说明西部地区农村城市化进程比较滞后。区域内城市化发展呈现出大城市过少，中小城市区位不合理，小城镇发展较滞后的局面，城市化的滞后又决定了西部地区城镇社会化处于较低阶段。受上述因素的影响和制约，当前西部地区体育的社会价值和地位未能达到应有的高度，无论是群众体育还是竞技体育的发展都受到了一定的影响。

（二）人口结构

据有关资料显示：西部地区 0—14 岁人口比例为 30.75%，高于全国的 26.8%。由此可见，青少年儿童是西部地区实施"全民健身计划"的重点对象，应放在突出位置给予高度重视。15—64 岁的比例为 68.42%，与全国的 66.97% 相近。65 岁以上人口比例为 4.42%，低于全国 6.23% 的平均水平，说明西部地区向老年社会过渡的速度慢于全国平均速度，而这种人口结构更有利于发展西部地区群众体育事业和广泛开展全民健身运动。

二　支撑西部地区群众体育事业发展的现实条件

（一）人口身体素质状况

国际上公认的婴儿死亡率、死亡率及平均预期寿命是集中反映人口身体素质状况的主要指标。目前西部地区人口健康状况还未达到全国平均水平，主要表现在：

1. 反映人口总体健康水平的重要指标——平均预期寿命（西部地区平均 64.94 岁，全国平均 68.55 岁）和死亡率（西部地区为 6.74%，全国为 6.49%）与全国平均水平尚有差距。

2. 劳动年龄内丧失劳动能力的人口比例高于东部地区。

（二）教育

从西部地区每 10 万人具有的文化程度的统计资料看，尽管大专以上人口数（大专 858，本科 587）略高于全国平均水平（大专 851，本科 543），但是小学、初中、高中人数均低于全国平均水平（依次为 28704、37169，18757、23293，6392、6422），文盲、半文盲率较高。根据国家统计局 1995 年全国 1% 人口抽样调查结果显示，甘肃、青海、宁夏、新疆四省区的文盲、半文盲率仍较高。群众体育事业发展的目标和模式与文化环境紧密相关，如果一个地区整体文化与受教育程度较低，也会形成较大的与体育文化无关的群体，也会增加实施全民健身计划的难度。

（三）经济实力

体育不是孤立的社会活动，它根植于现实的经济基础之上，其发展受社会经济状况制约，也要求与所处的社会经济环境相协调。实施全民健身计划，需要增加资金和物质的投入，其推进工作必须有经济保障。近年来，西部地区国内生产总值在全国所占份额有所下降。1994—1996 年，西部地区 GDP 为全国平均数的 76.2%、72.19% 和 69.74%，这严重制约了西部地区体育事业的发展，标志着区内居民参加体育健身活动的物质基础，包括体育场馆基础设施建设、健身器材人均占有水平（即人均体育资产），以及衡量居民生活质量的重要指标，包括居民购买体育健身器材支出、有偿使用场馆和参加健身培训的人均体育消费均处于较低水平。

（四）农村经济条件与农村群众体育

西部地区农业人口为 6278.9 万（1994 年），占区域总人口的 74.14%，1996 年我国 5800 万贫困人口中西部五省区为 1026.7 万，占 17.7%，远高于全国 4.73% 的平均水平。西部地区农业人口占比较大的状况在相当长的一段时期内不可能有很大改变。因此，通过农业增长实现农民增收，仍将是西部地区农村小康建设的主要问题。然而，由于农业基础薄弱，抗灾能力弱，靠天吃饭的局面远未改变，加上农业生产基本处于粗放经营，农产品深加工少、链条短、转化率低、增值不高，使增加收入难度增大。作为增加农民收入的另一个主要渠道的乡镇企业，西部地区与东部地区相比就有较大差距，1990—1994 年东部地区乡镇企业增长速度达 48%，而西部地区仅为 16.5%。农民从乡镇集体经济中获得的收入与全国平均水平有较大差距，家庭经营仍处在自食为主和初级原料供应状态，并受自然环境变化的影响，农民收入增长缓慢。"八五"期间，考虑到物价上涨等因素，国家提高了温饱标准（国家制定的绝对贫困标准是年人均收入 530 元），西部地区又出现了大面积返贫，给西部农村经济的发展带来了极大困难。乡村集体经济薄弱、收不抵支和资金积累空壳村占有一定数量，致使统一服务功能不强，兴办农村社会公益事业的能力较弱，影响了西部农村体育基础设施建设和组织全民健身与体育竞赛活动的开展。

《全民健身计划纲要》指出："全民健身计划以全国人民为实施对象，以青少年为重点。"全民性是全民健身体系的基本特点之一，[1] 这是由全面建设小康社会要"惠及十几亿人口"的目标所决定的。自从国务院颁布《全民健身计划纲要》后，举国上下掀起了全民健身的热潮。但由于落后的经济、特殊的人文地理环境，在一定程度上影响了西部地区群众体育事业向纵深方向推进。鉴于西部地区农业人口总数及所占总人口比例，我们认为西部地区全民健身若没有农民的普遍参与，不可能是真正意义上的群众体育事业发展。

从一篇研究西部地区农民健身的文章中可以看到，在被调查的 200 余位农民中，有一半人两年内没参加过一次体育健身活动，农村这种健身状况令人担忧。造成这种状况的原因有两个方面，一方面是西部经济文化欠发达，农村自然条件差，许多农民温饱问题尚未解决，无暇也无条件进行体育锻炼；另一方面，观念落后，思想不够解放，对全民健身的意义缺乏认识，因而导致行动上的参与性太差。另外，部分学者根据西部地区的具体情况，对西部地区贫困少数民族聚居区学校体育、回族聚居区农村乡镇体育、城市社区体育、农村全民健身体育、城镇居民体育消费现状进行了调查和分析，调查显示出"西部地区地方财政不足造成体育事业发展的财政投入力度较低，群众体育事业自我发展能力脆弱，政府与社会融资渠道有限；政府组织机构职能单一，适应社会发展与需要偏弱；资源配置不合理，体育场馆设施开放与开发程度低；城乡群众体育发展失衡；体育人才、体育消费意识欠缺；体育产业市场薄弱；营造体育环境氛围不浓"等一系列问题。[2]

---

[1]　董新光：《关于全民健身体系的理论构架》，《体育文化导刊》2005 年第 5 期。

[2]　钟全宏：《西部贫困少数民族聚居区学校体育研究》，硕士学位论文，西北师范大学，2006 年，第 19 页。

三 实施西部大开发战略以来的西部地区群众体育概况

西部地区各省市区政府在满足国家发展、社会发展与人的全面发展需要的同时,以基层政府为主导,以体育社团、健身指导站(点)、体育俱乐部为基础,以社会指导员为骨干,以体育场地建设为依托,以学校体育、青少年体育、农民体育、老年人体育健身、少数民族传统体育为重点,努力为群众提供各种利民、亲民、便民的体育服务。通过"抓身边组织、建身边场地、搞身边活动",积极推进全民健身体系建设,推动群众体育全面开展。

西部地区各地在实施《全民健身计划纲要》中,全区已基本建成覆盖全区的乡—镇—区—市体育健身指导中心(站、点)网络,大力培养和发展社会体育指导员,大力兴建以城市为主体的体育场馆设施,积极投建城市与农村健身路径设施,满足城市与农村开展群众体育健身组织、指导人员与场地设施的需要。

西部地区通过每年开展"全面健身周"和重庆、甘肃、内蒙古、新疆省市区实施"五个百(亿)万人群"等大型群众体育活动,积极倡导和推广公园体育、广场体育、街头体育、家庭体育、假日体育等活动形式,不断丰富群众体育生活,使体育人口数量逐年增多。

西部地区各省市区举办少数民族运动会、残疾人运动会、农(牧)民运动会、全民运动会、学生运动会、职工运动会等运动会已形成制度。

部分省市区结合区域经济与地形地貌条件,不断创新,形成了一批颇具特色的群众体育活动方式,如四川的"假日体育"、重庆的"摆手操"、青海的玉珠峰登山节、甘肃的黄河三峡龙舟赛、巴丹吉林沙漠穿越、嘉峪关滑翔节等具有民族特色、群众喜闻乐见的群众体育品牌,丰富了全民健身内容。

通过全区"体育下乡"活动,促进重庆、新疆、内蒙古、贵州等省市区实施"农(牧)民体育健身工程"以及广西的"亿万农民健身活动",组织农民兄弟开展农村群众体育工作,丰富了农村体育文化生活。

全区部分省市区现已实施"民族传统体育保护工程",部分民族传统体育项目已成为全国少数民族运动会比赛项目,并且云南省还挖掘、整理、出版了23集民族体育音像资料,这都形成了浓郁的区域少数民族体育文化传承特色。

四　有限资源下西部地区群众体育事业发展不足的主要表现

开展群众体育是提高全民族体质与生活质量的重要途径与手段，与实现西部大开发、实现体育强国目标密切相关。根据各方面资料显示，现阶段我国群众体育与竞技体育正处于非均衡发展状态，竞技体育占据着体育事业相对大的资源，群众体育占据着狭小的体育事业发展空间，相对占有的资源匮乏。根据各年度《体育年鉴》的材料，笔者总结归纳出西部地区群众体育存在的几点不足：

（一）社会体育指导员匮乏

截至 2009 年，根据 2009 年《体育年鉴》显示，西部地区社会体育指导员总数为 262454 人，与 2009 年西部地区总人口的比例为 1∶1373。减去社会体育指导员中部分管理型指导员，西部地区每名社会体育指导员承担的指导人数比例还要高于前面核算的人数。无论社会体育指导员总数、社会体育指导员总数与地区总人口比例，均低于其他地区与省份。

（二）群众体育社会融资与投资力度不够

国家早在 20 世纪 80 年代末期就已决定和动员全社会办体育。在保证竞技体育优先的社会环境背景下，政府体育事业支出用于群众体育事业的支出明显低于竞技体育事业支出，因此承担西部地区群众体育工作，而且还要广泛地开展与支持群众体育工作，政府显得"心有余而力不足"。西部地区在摆脱贫困，生活刚刚好转的情况下，社会企业与个人对群众体育的投入也是刚刚开始。尽管西部地区各省市区加大了对群众体育的投入，政府也将部分彩票公益金应用于群众体育事业，但社会企业与个人对群众体育投入的统计鲜有记录统计和报道。

（三）体育场地器材不足

西部地区自实施西部大开发以及落实国家"十五""十一五"规划以来，经济建设突飞猛进，经济形势也逐年好转。与此同时，西部地区也加快了公共体育设施建设的步伐，尽管国家援建、当地政府积极投入，兴建了一大批的体育场馆设施，但仍不能满足西部地区人民群众日益增长的体育运动与体育健身娱乐的需要。由于拥有众多的人口，西部地区与国内其他区域相比，人均占有体育场地与器材的水平相对较低，而且体育场馆多集中在学校及专门的体育事业单位，考虑经济效益、养护与使用成本以及为保证与满足竞技体育发展需要造成专用、挪用的现象经常发生。因此西部地区城乡体育健身锻炼多局限在广场、公园、街道、空地等场所，而且健身锻炼的内容和形式也较为单一。

（四）群众体育管理与体育社团立法的集中分解与缺位

自新中国成立以来，我国群众体育的管理工作依旧被划分给各地的体育事业主管部门，体现了典型的政府型管理体制，群众体育管理权过于集中，形成了自己管理与自己监督的局面。自 1998 年政府机构改革以来，区（县）级体育行政部门与文化、教育部门合并后，由于职能的调整与变化，加上经费短缺，事务繁多，致使缺乏与社会组织的横向联系与沟通，出现了牵制和弱化群众体育工作的局面。西部地区也同样面对这样一个问题。

社会的开放、经济的好转、人民生活质量的逐年提高，使西部地区的体育社团组织如雨后的春笋大量涌现，但体育社团的社会地位确认以及组织、协调、指导、服务等管理问题也随之增多，针对体育社团的立法明显落后，怎样保护体育社团的权益，分清权责，保障体育社团健康有序的发展，成为现实群众体育工作中的亟待解决的问题。调查表明，体育社团与协会在群众体育工作中正在发挥着积极的重要作用，然而体育社团与协会"半官半民"的性质与现状也是普遍存在的社会现象，体育社团自身的管理与运行远远达不到现有政府主导管理与运行的水平，体育社团的发展仍需要立法保障与全社会的支持与协调。

五　西部地区群众体育事业发展的区域特点

（一）理念主题突出与政府主导下的体育惠民工程多

鉴于群众体育事业在国家发展与提高全民身体素质、促进社会和谐发展中发挥的重要作用，西部地区各省市区政府根据本地区的经济发展水平、国民体质状况以及人民群众对提升生活质量的诉求，为推动本地区群众体育开展，倡导及引导更多的人民群众参与到体育锻炼与体育健身活动中来，切合实际地提出了适合本地区的健康理念，如四川省提出的"靠健康，奔小康"以及云南提出的"健康促小康"等。这些理念的提出符合时代要求，并与社会发展目标相结合，很大程度上推动了群众体育事业在当地的开展。与此同时，西部地区各地政府为营造群众体育氛围，实施全民健身计划，配套产生了众多的体育健身惠民工程。如广西以全民健身、公共体育设施为重点内容的五大工程，内蒙古实施的

"草原万里健身工程"，重庆的"农民体育健身工程""社区体育健身工程""全民健身登山步道工程"和"全民健身服务工程"，宁夏的体育"民生"工程，甘肃的办好10件"民生体育"工程及"千乡镇农民健身工程"。这些惠民工程的实施很大程度上推动了群众体育事业的开展，缓解了体育场地设施需求矛盾，为进一步提高国民体质与生活质量打下了坚实的物质基础，也提供并营造了全民体育发展的社会条件与氛围。

（二）共同重点专注青少年和农民群体

青少年是祖国的希望所在，"少年强，则国强"，青少年的体质健康水平将直接影响到我国未来民族的整体素质。中国有8亿农民，而西部地区又恰恰是经济不发达且农民和少数民族居多的区域。中共中央、国务院《关于进一步加强和改进新时期体育工作的意见》（〔2002〕8号），教育部和国家体育总局《关于进一步加强学校体育工作，切实提高学生体质健康素质的意见》（〔2006〕5号），中共中央、国务院《关于进一步加强青少年体育增强青少年体质的意见》（〔2007〕8号）以及新近颁布的《全民健身计划（2011—2015年）》等文件，均对青少年和农民体育锻炼以及相关群众体育活动做出了明确的指示。西部地区12个省市区政府也在本地区的《体育事业十五发展规划》《体育事业十一五发展规划》中将青少年及农民体育工作作为重点工作并对此提出具体的要求。同时，对实施《体育事业十五发展规划》取得一定成果的青少年体育俱乐部、体育传统院校、体育后备人才基地等以及农民开展群众体育工作成果给予了充分的肯定，并在各地《体育事业十一五发展规划》中对青少年和农民体育工作提出了明确的工作目标。青少年和农民体育工作已成为西部地区建设体育强国、提高本地区国民身体素质的一项重要工作内容。

（三）地形地貌决定地区群众体育特色

自实施西部大开发战略、全民健身计划十余年来，西部地区没有故步自封，单纯性地开展奥运项目的群众体育活动，而是在经济形势逐渐好转的情况下，加大资金投入，根据本地区的地形特点、地貌条件，传统文化与民族习惯将群众喜欢的非奥运体育项目引进到群众体育工作中来，积极打造青海"环青海湖自行车赛"、陕西西安"登长城"、四川绵阳"赛会经济"、甘肃兰州"百里黄海风情体育节"和"河西走廊汽摩越野赛"、新疆"登山节"、内蒙古"那达慕大会"等群众体育品牌，突出构建甘肃"丝绸之路体育健身长廊"，陕西"关中体育长廊""一线三岸"，新疆

"环天山万里体育长廊"，重庆"两江四岸健身长廊工程"等群众体育城市链接工程，使西部地区的群众体育工作提升了一个台阶，取得新突破并形成了鲜明的地方群众体育特色，进一步丰富了西部地区群众体育活动内容。

（四）兼容少数民族传统体育文化

西部地区是中国少数民族分布最集中的地区。由于地域广博，民风淳朴，性格豪放，在民间诞生了壮族的跳桌、维吾尔族的赛马、土家族的耍花棍、瑶族的打猎操、苗族的芦笙舞、彝族的阿细跳月以及与人们生活密切相关的射弩、轮子秋、叨羊、姑娘追、骑毛驴等 700 多个民族传统体育项目。与之相伴的还有与体育相关的藏族赛马会、苗族的龙舟节、侗族的赶歌等传统节日，这些都是我国西部地区所独具的民族文化和民族体育文化的瑰宝，数千年来并没有因为相对闭塞与贫穷而流失，相反在现代社会却更加珍贵与璀璨。在现代体育文化的强烈冲击下，西部地区各级政府坚定实施"民族传统体育保护工程"，挖掘和整理了上千个少数民族传统体育项目并逐步推广，部分少数民族传统体育项目已成为各省区少数民族运动会及全国少数民族运动会的比赛项目，这对丰富和传承少数民族传统体育文化起到了积极的保护与推动作用。现在，少数民族传统体育已成为西部地区开展群众体育运动的一项重要工作内容，形成了奥运项目、非奥运项目、少数民族传统体育项目三足鼎立的活动局面，并占有重要的一席之地。

六　西部地区群众体育事业发展的政府投入与社会效益变化

（一）政府财政拨款额度呈低位、投入逐年增长的态势运行

根据资料显示，2005 年、2008 年、2009 年西部地区各省市区体育事业财政拨款额度占国民生产总值百分比平均数分别是 0.067%、0.061%、0.067%。

2005 年西部地区体育事业财政拨款额度占国民生产总值百分比最高的是西藏，为 0.147%，共 3687 万元（当年的国民生产总值为 251.21 亿元）；最低的是内蒙古和青海，为 0.045%，分别为 17651 万元和 2428 万元（当年的国民生产总值分别为 3895.55 亿元和 543.32 亿元）。

2008 年西部地区体育事业财政拨款额度占国民生产总值百分比最高的是宁夏，为 0.562%，为 14134 万元（当年的国民生产总值为 251.21

亿元）；最低的是内蒙古，为 0.031%，为 24363 万元（当年的国民生产总值为 7761.8 亿元）。

2009 年西部地区体育事业财政拨款额度占国民生产总值百分比最高的是青海，为 0.091%，为 9816.8 万元（当年的国民生产总值为 1081.27 亿元）；最低的是西藏，为 0.003%，为 164 万元（当年的国民生产总值为 437 亿元）。

上述数据表明，西部地区各省市区的体育事业财政拨款额度在当地国民生产总值中占有很小的比例，受当地经济发展水平的制约较大，造成了西部地区体育事业财政拨款额度多少不均，比例失衡。经济发达，国民生产总值较高的体育大省由于经济基础雄厚而远远高于经济欠发达、体育事业水平较低省份的投入。

从 2005 年至 2009 年西部地区各省市区财政拨款额度的变化上看，四川的财政拨款额度最高，且连年在逐渐增加，同样，广西也是在逐年增加；云南 2007 年的财政拨款额度起伏较大，这或许是 2008 年北京奥运会召开前期投入造成的结果；其他 9 个省市区均有起伏，但总体上呈低位、投入逐年增长的态势运行。

（二）政府投资援建体育场馆设施取得重大变化

西部地区在实施西部大开发战略以前，体育场馆设施与全国其他省份相比是比较落后的。体育场馆作为开展群众体育的基础保障，承载着亿万西部地区人民开展群众体育活动的艰巨任务。西部地区在中央政府与地方政府的支持下，审时度势，根据西部地区体育场馆"老、旧、少"的特点，边维护，边援建，在发挥老体育场馆作用的同时，一大批现代的、功能设施先进的、配套齐全的体育场馆拔地而起，很大程度上缓解了人民群众对体育场馆设施的需求。

根据 2008 年、2009 年《体育年鉴》统计，2008 年政府援建西部地区体育场馆平均 3095 个，2009 年政府援建西部地区体育场馆平均 4551 个，整体平均增长 47.04%。其中，2008 年和 2009 年政府援建体育场馆超过净增加 2000 个的省市区有 4 个，最多的是陕西，为 4119 个，其次依次为重庆、内蒙古、云南，分别是 2976 个、2710 个、2504 个；政府援建体育场馆净增加超过 1000 个的省市区有 4 个，依次分别是广西、新疆、甘肃和四川；政府援建体育场馆净增加没有超过 1000 个的省区有贵州、西藏、青海和宁夏。2008 年政府援建体育场馆数量与 2008 年各省市区人口总数对比，2008 年每万人拥有体育场馆数超过 2 个的省市区只有 1 个，即陕西，超过 1 个的省市区有 3 个，即贵州、青海和新疆；2009 年政府援建体育场馆数量与 2009 年各省市区人口总数对比，2009 年每万人拥有体育场馆数超过 2 个的省市区有 3 个，即陕西、西藏和内蒙古，超过 1 个的省市区有 5 个，即重庆、贵州、云南、甘肃和新疆。2008 年和 2009 年政府援建体育场馆设施每万人口拥有场馆数净增加值超过 1 个的省市区有内蒙古、重庆、西藏、陕西，相比减少呈负增长的省市区有青海和宁夏两省区，减少的原因主要在于两年援建体育场馆设施数量略少和人口总数的增长变化。

（三）事业支出用于体育场馆费用与人均体育场馆费用增量明显

在政府援建体育场馆的同时，2008 年和 2009 年西部地区大部分省市区政府用于体育场馆的费用整体上呈增加态势，也有少数省市区事业支出用于体育场馆的费用略有减少，但人均事业支出体育场馆费用总体上在增加。

根据 2008 年和 2009 年《体育年鉴》数据统计分析，2009 年与 2008 年事业支出用于体育场馆费用相比，投入超过 100% 增长率的省市区由高到低的排序是新疆、内蒙古和陕西；投入超过 50% 增长率的省市区由高到低的排序是青海和云南两省；投入不超过 50% 增长率的省市区由高到低的排序是广西、重庆、宁夏三省市区；投入减少呈负增长的省市区由高到低的排序是四川、贵州、甘肃三省。

2008 年西部地区各省市区人均事业支出体育场馆费用由高到低排序分别是宁夏 6.71 元、甘肃 2.67 元、四川 2.46 元、重庆 2.22 元、新疆 1.75 元、内蒙古 1.52 元、贵州 1.27 元、云南 1.19 元、广西 0.88 元、陕西 0.72 元、青海 0.64 元；2009 年西部地区各省市区人均事业支出体育场馆费用由高到低排序分别是内蒙古 7.43 元、宁夏 7.25 元、新疆 4.09 元、四川 2.64 元、重庆 2.52 元、甘肃 2.12 元、云南 1.71 元、陕西 1.45 元、青海 1.28 元、贵州 1.26 元、广西 1.12 元、西藏 0.89 元。

2009 年和 2008 年人均事业支出体育场馆费用增加值超过 1 元的省区有内蒙古和新疆，分别为 5.91 元和 2.34 元，不足 1 元的省市区有陕西、青海、宁夏、云南、重庆、广西、四川，人均事业支出体育场馆费用降低的省份有贵州及甘肃，分别降低 0.01 元和 0.55 元。

（四）西部地区各省市区政府用于群众体育事业的费用增长明显

由于西部地区各省市区政府对群众工作的重视加强，投入加大，大部分省市区专用于群众体育的经费也是连年增长。通过对 2008 年和 2009 年《体育年鉴》西部地区群众体育经费的统计分析，西部地区大部分省市区在群众体育经费、人均群众体育经费上均有提高，有的省市区增加明显（见图 4—1）。

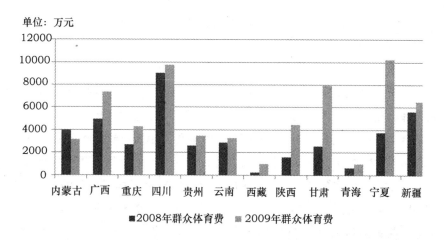

图4—1　西部地区各省市区 2008 年和 2009 年政府用于群众体育事业的费用对比

2009 年与 2008 年西部地区投入群众体育事业费用增长率较高的省份有西藏（305.80%）、甘肃（206.04%）、陕西（174.53%）、宁夏（170.02%），其他省市区依次为重庆、青海、广西、贵州、新疆、云南、四川，仅有内蒙古投入群众体育费用降低。

2008 年西部地区人均群众体育费用超过 2 元的自治区有宁夏和新疆，其中宁夏达到了人均 6.28 元；人均群众体育费用为 1—2 元的省区有内蒙古、青海、四川和广西；人均群众体育费用不足 1 元的省市区有甘肃、重庆、西藏、云南、陕西和贵州。2009 年西部地区人均群众体育费用超过 2 元的自治区有宁夏、西藏和新疆，分别为 16.20 元、3.43 元和 2.97 元；人均群众体育费用为 1—2 元的省市区有青海、广西、重庆、内蒙古、四川、陕西和贵州；人均群众体育费用不足 1 元的省份分别是甘肃和云南。从区域上看，人均群众体育费用超过 2 元的省份由原有的 2 个省份增加到 3 个省份，且增加幅度十分明显；人均群众体育费用为 1—2 元的省份由原有的 4 个省份增加到 7 个省份；人均群众体育费用不足 1 元的省份由原有的 6 个省份减少到 2 个省份，实现了西部地区人均群众体育费用整体水平的上涨。

2008 年与 2009 年人均群众体育费用增长值较高的自治区是宁夏和西藏，分别增加了 9.92 元和 2.51 元。人均群众体育费用增长值在 1 元以内的省市区由高到低排序是陕西、青海、贵州、广西、重庆、四川、新疆、云南。内蒙古和甘肃则分别下降了 0.41 元和 0.68 元。

（五）西部地区大部分国民体质状况得到改善和提高

1. 西部地区国民体质综合指数

自西部大开发战略实施以来，西部地区经济形势不断好转，西部地区也逐步开始摆脱贫困，人民群众的生活质量不断提高，各项基础设施，尤其是体育场馆设施建设力度的加大以及健身保健意识的增强，参加体育锻炼的人口不断增多，2010 年西部地区总体国民体质综合指数平均为98.65，比 2005 年的 97.92 提高了 0.73。2005 年国民体质综合指数超过100 的省市区有内蒙古、广西、四川、云南，2010 年国民体质综合指数超过 100 的省市区有内蒙古、广西、重庆。2005 年高于全国国民体质综合指数平均数 100.07 的省区有内蒙古、广西、四川，2010 年高于全国国民体质综合指数平均数 100.39 的省市区有内蒙古、广西、重庆。2010 年与2005 年相比国民体质综合指数有所上升的有广西、贵州、西藏、重庆、甘肃、青海、新疆 7 个省市区，其余 5 个省市区国民体质综合指数有不同程度的下降（见图 4—2）。

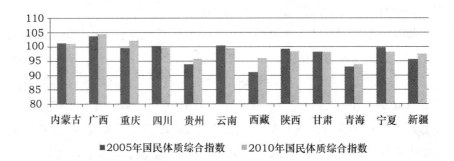

■2005年国民体质综合指数　2010年国民体质综合指数

图 4—2　西部地区各省市区 2005 年和 2010 年国民体质综合对比

数据来源：《2005 年体育年鉴》及《2010 年国民体质监测报告》。

从整体上看，西部地区的国民体质状况有了明显的改善和提高，但与全国相比西部地区有近 2/3 的省份低于全国国民体质综合指数平均数。从区域分布上看，西部地区国民体质综合指数增长以西南地区的广西、贵州、西藏呈"＼"形省份以及东中部至西部地区的重庆、甘肃、青海、新疆呈"〰"形为主要增长区域，其他如内蒙古、宁夏、四川、云南、陕西呈"一"字形的 5 个国民体质综合指数下降的省市区则分布在西部地区。

2. 人口预期寿命

人口预期寿命是指人们在某一年龄时，还可能继续生存的平均年数。一般用刚出生人群可能生存的年数表示，它反映健康和社会的发展状态。

在人口预期寿命上，西部地区女子的平均预期寿命高于男子近 2 岁，这比较符合现代社会的发展规律。但在男女整体人口平均预期寿命、男子人口平均预期寿命、女子人口平均预期寿命上，西部地区均低于全国相关各类平均预期寿命。在西部地区内部，各省市区的各项平均预期寿命相差近 ±3 岁，平均预期寿命高的地区多集中在西部地区经济发达的东部省份，而平均预期寿命低的地区多集中在西部地区经济发展欠发达的中西部及西南部地区。四川、重庆、陕西等省市在人口平均预期寿命上均超过了 70 岁，而上述三省市均是国民生产总值较高的西部地区省份，也是体育事业在人力、物力和财力等方面投入较高的地区以及群众体育事业开展较好的优势区域，这说明了体育事业的发展间接促进了人口预期寿命的提高。

（六）西部地区各省市区公益性社会体育指导员数量增加明显

随着西部地区经济的好转，人民生活水平的逐年提高，人民群众对身体健康的追求意识日益增强，参与各种形式体育锻炼的百姓也越来越多，同时对科学锻炼的指导需求也越来越高。西部地区在各级政府与体育主管部门的大力支持下，经过 5 年的努力培养，社会体育指导员由 2005 年的 136676 名增加到 2009 年的 262454 名，增加了近 12.6 万名。2005 年西部地区社会体育指导员较多的省区依次是四川、广西和新疆，较少的省区依次是西藏、宁夏和青海。2009 年西部地区社会体育指导员较多的省区依次是广西、四川、内蒙古和陕西，社会体育指导员相比 2005 年减少的省区是西藏和新疆（见图 4—3、图 4—4）。

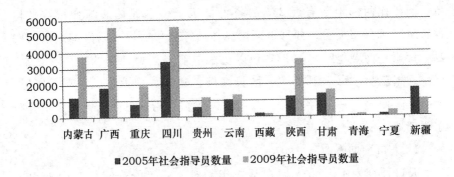

■2005年社会指导员数量　■2009年社会指导员数量

图4—3　西部地区各省市区2005年和2009年社会体育指导员数量增减对比

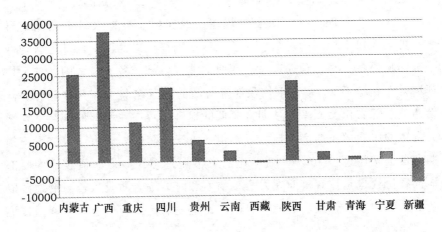

图4—4　西部地区各省市区社会体育指导员2005年至2009年数量增加对比

从区域上看，四川和广西在培养社会体育指导员方面数量较多，是比较稳定的社会体育指导员大省，而西藏则是培养社会体育指导员最为薄弱的省区，其他西部地区各省市区的社会体育指导员培养呈普遍增长的趋势。

2009年西部地区各省市区按每万人拥有社会体育指导员人数计算，西部地区各省市区每万人拥有社会体育指导员人数较多的省区是内蒙古15.3人、广西12.1人和陕西9.5人，每万人拥有社会体育指导员人数较少的省份是贵州3.6人、云南3人和青海2.6人，剩余其他各省市区每万人拥有社会体育指导员人数为 5—7 人（见图4—5）。

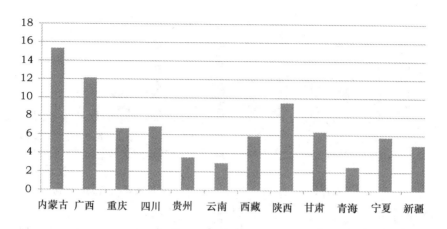

图4—5 西部地区各省市区每万人拥有社会体育指导员数量对比

（七）西部地区群众体育组织与社团总量有不同程度的增长

群众体育开展离不开组织与网络建设，通过网络与体育社团能够将单一的健身锻炼个体吸纳到团队当中，能够发挥集体的力量与智慧，便于开展、便于组织、便于管理，使基层群众体育工作发挥出最大的功能与功效。西部地区各省市区近几年来，依靠体育主管部门与借助社会力量在体育健身指导站与体育俱乐部建设等方面取得了一定的效果。

根据 2008 年、2009 年《体育年鉴》显示，西部地区晨晚练站点总数由 2008 年的 39464 个增加到 2009 年的 42719 个，增加了 3255 个，其中广西和新疆增加较多，四川由于晨晚练站点总体数较高而排在西部地区首位，而内蒙古、重庆、贵州、陕西、甘肃、宁夏等省市区略有减少，西藏则是西部地区晨晚练站点总数最少的省区。从整体上看，西部地区的晨晚练站点数设置明显偏少，偏少的区域多集中在重庆、贵州、西藏、青海、宁夏以及新疆 6 个省市区（见图4—6）。

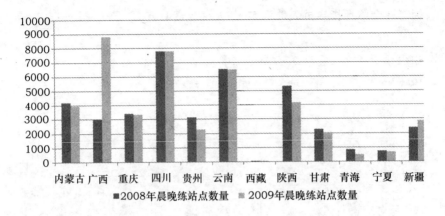

图4—6 西部地区各省市区 2008 年和 2009 年晨晚练站点数量对比

西部地区体育俱乐部数量由 2008 年的 1587 个增加到 2009 年的 1844 个，增加了 257 个，同比增加的省区由高到低排序为四川 153 个，新疆 74 个，广西和云南同为 53 个，宁夏 29 个，贵州 22 个，甘肃 17 个，西藏 7 个；同比减少的省市区分别是宁夏 2 个，重庆 38 个，内蒙古 54 个，陕西 57 个。尽管西部地区各省市区体育俱乐部的基数有很大的差别及数量有不同增减，但是四川、广西和内蒙古等省区仍是体育俱乐部相对数量较多的区域，云南、西藏、甘肃、青海、新疆 5 个省区还是体育俱乐部相对数量较少的区域。从整体上看，整个西部地区的体育俱乐部数量均明显偏少（见图 4—7）。

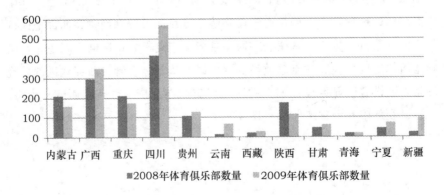

图4—7 西部地区各省市区 2008 年和 2009 年体育俱乐部数量对比

西部地区体育社团总数由 2008 年的 6921 个增加到 2009 年的 8643 个，增加了 1722 个，除重庆市体育社团减少 19 个外，其他各省区体育社团数量均有不同程度的增加。在体育社团总数增加的省区中，体育社团总数增加的省区依次为内蒙古 545 个，陕西 454 个，新疆 256 个，甘肃 209 个，四川 100 个，云南 44 个，广西 42 个，贵州 32 个，宁夏 29 个，西藏 19 个，青海 10 个。通过对这两年数据的整体对比可知，四川、内蒙古、陕西 3 个省区体育社团数量较多且比较稳定，广西、重庆、贵州、云南、甘肃、新疆 6 个省市区体育社团数量位居中游水平，西藏、青海、宁夏 3 个省区体育社团总数较少（见图 4—8）。

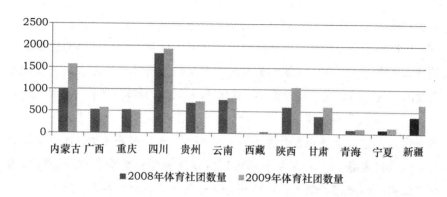

图 4—8　西部地区各省市区 2008 年和 2009 年体育社团数量对比

（八）与群众体育事业发展相关联的整体居民消费水平低于全国平均水平

居民消费水平是指居民在物质产品和劳务的消费过程中，在满足人们生存、发展和享受需要方面所达到的程度。居民消费水平能够反映出居民生活消费支出中食品的比例、居民生活消费支出中文化生活服务支出的比例、不同质量消费品的消费比例等。影响居民消费水平的主要因素是国民收入水平，而影响体育消费水平的因素则主要是个人收入以及当地的体育消费习惯。

西部地区居民消费水平与全国居民消费水平相比，仅有西藏地区接近全国平均水平，云南、西藏、重庆和陕西 4 个省市区超过西部地区的平均水平。由此可见，西部地区的整体居民消费水平低于全国平均水平，且内部差距明显。通过对比其他资料发现，西部地区所有省市区居民收入均低于全国平均水平，处于全国下游位置，这是造成西部地区居民消费水平低的关键性因素，随之而来的是西部地区在体育方面的消费水平低下，而这方面的原因不仅是收入不高，而且也是体育健身观念与意识薄弱、居民体育消费低的直接反映。同时这也是西部地区群众体育、体育产业事业的发展进程中最为不利的社会客观因素之一。

七　西部地区群众体育事业发展的区域定位

通过前文对西部地区各省市区 2008 年和 2009 年的政府援建体育场馆数、每万人场地数、事业支出体育场馆费、人均事业支出体育场馆费、群众体育费、人均群众体育费、国民体质数、公益性社会体育指导员数、晨晚练站点数、体育俱乐部数、体育社团数这些反映西部地区群众体育工作状况和效果的指标的定量分析，我们认为对西部地区各省市区群众体育工作的评价还不全面。为了全面反映整个西部地区群众体育工作与区域分布的特点，将上述群众体育指标分别按体育单项竞赛排名计分方法进行赋分与排名，这有利于进一步分析西部地区各省市区群众体育工作的整体状况。

2008 年西部地区群众体育指标综合排名较高的省市区是四川、内蒙古、广西、重庆和陕西 5 个省市区，宁夏、青海、西藏 3 个省区群众体育指标综合排名靠后。2009 年西部地区群众体育指标综合排名较高的省市区是四川、内蒙古、陕西、广西和重庆，贵州、甘肃、西藏、青海 4 个省区群众体育指标综合排名靠后。通过对综合排名的名次变化的分析，发现四川、内蒙古、甘肃排名比较稳定，陕西、宁夏、新疆、西藏排名有所提升，广西、重庆、贵州、云南、青海排名有所下降，但无论提升与下降幅度均不明显（见表 4—1、表 4—2）。

表 4—1　　　　　　2008 年西部地区群众体育部分指标综合排名

省市区	政府援建体育场馆数		每万人场地数		事业支出体育场馆费		人均事业支出体育场馆费		群众体育费		人均群众体育费		国民体质数		公益性社会体育指导员数		晨晚练站点数		体育俱乐部数		体育社团数		总分	综合排名
	排名	赋分	排名	赋分	排名	赋分	排名	赋分	排名	赋分	排名	赋分	排名	赋分	排名	赋分	排名	赋分	排名	赋分	排名	赋分		
内蒙古	9	4	6	7	8	5	6	7	4	9	3	10	2	11	2	11	4	9	3	10	2	11	94	2
广西	5	8	12	1	6	7	6	7											11	7	6		81	3
重庆	6	7	8	5	2	11			9	7	6	5	8	4	9		6	7					81	3

续表

省市区	政府援建体育场馆数		每万人场地数		事业支出体育场馆费		人均事业支出体育场馆费		群众体育费		人均群众体育费		国民体质数		公益性社会体育指导员数		晨晚练站点数		体育俱乐部数		体育社团数		总分	综合排名
	排名	赋分	排名	赋分	排名	赋分	排名	赋分	排名	赋分	排名	赋分	排名	赋分	排名	赋分	排名	赋分	排名	赋分	排名	赋分		
四川	2	11	10	3	1	12	3	10	1	12	5	8	4	9	1	12	2	11	1	12	1	12	112	1
贵州	3	10	4	9	5	8	7	6	8	5	12	1	10	3	5	8	6	7	6	7	4	9	73	6
云南	4	9	11	2	4	9	8	5	2	11	10	3	3	10	8	5	1	12	12	1	3	10	73	6
西藏	12	1	3	10	12	1	12	1	12	1	9	4	12	1	11	2	2	11	10	3	12	1	26	12
陕西	1	12	1	12	10	3	10	3	10	3	11	2	7	6	3	10	3	10	5	8	5	8	77	5
甘肃	8	5	6	7	10	3	2	11	4	7	6	8	7	6	6	7	4	7	8	5	8	5	68	9
青海	10	3	2	11	11	2	11	2	11	2	4	9	11	2	12	1	11	2	11	2	11	2	39	11
宁夏	11	2	9	4	7	6	1	12	5	8	1	12	9	4	10	3	8	5	2	8	5	10	65	10
新疆	7	6	5	8	9	4	5	8	3	10	2	11	9	4	7	6	9	4	9	4	9	4	69	8

表4—2　　　　　2009 年西部地区群众体育部分指标综合排名

省市区	政府援建体育场馆数		每万人场地数		事业支出体育场馆费		人均事业支出体育场馆费		群众体育费		人均群众体育费		国民体质数		公益性社会体育指导员数		晨晚练站点数		体育俱乐部数		体育社团数		总分	综合排名
	排名	赋分	排名	赋分	排名	赋分	排名	赋分	排名	赋分	排名	赋分	排名	赋分	排名	赋分	排名	赋分	排名	赋分	排名	赋分		
内蒙古	6	7	3	10	2	11	1	12	10	3	7	6	2	11	3	10	5	8	4	9	3	10	97	2
广西	7	6	10	3	8	5	1	12	2	11	4	9	2	11	12	1	12	1	2	11	8	5	85	4
重庆	4	9	4	9	5	8	5	8	2	11	8	5	6	7	6	7	2	11	3	10	9	4	83	5
四川	2	11	9	4	1	12	4	9	2	11	8	5	2	11	2	11	1	12	1	12	2	11	106	1
贵州	3	10	6	7	10	3	4	9	2	11	10	3	8	5	5	8	5	8	5	8	8	5	60	9
云南	5	8	5	8	6	7	4	9	2	11	5	8	10	3	7	6	10	3	9	4	1	12	76	7
西藏	10	3	2	11	12	1	12	1	2	11	6	7	11	2	12	1	11	2	2	12	12	1	36	11
陕西	1	12	1	12	7	6	8	5	4	9	7	6	4	9	6	7	9	4	9	6	7	6	86	3
甘肃	9	4	7	6	6	7	7	3	10	12	1	8	5	6	7	9	4	10	3	7	6	60	9	

续表

省市区	政府援建体育场馆数		每万人场地数		事业支出体育场馆费		人均事业支出体育场馆费		群众体育费		人均群众体育费		国民体质数		公益性社会体育指导员数		晨晚练站点数		体育俱乐部数		体育社团数		总分	综合排名
	排名	赋分	排名	赋分	排名	赋分	排名	赋分	排名	赋分	排名	赋分	排名	赋分	排名	赋分	排名	赋分	排名	赋分	排名	赋分		
青海	11	2	11	2	11	2	11	2	9	4	11	2	12	1	12	1	11	2	12	1	11	2	28	12
宁夏	12	1	12	1	9	4	2	11	12	1	12	5	10	3	10	3	8	5	8	5	10	3	63	8
新疆	8	5	5	8	3	10	3	10	5	8	3	10	9	4	9	4	7	6	7	6	6	7	78	6

　　通过对西部地区 2008 年、2009 年两年的群众体育指标综合排名进行对比，我们可以看到四川和内蒙古是西部地区群众体育的强省和优势区域，广西、重庆、陕西是西部地区群众体育的大省和具有提升空间的优势区域，贵州、云南、甘肃、宁夏、新疆群众体育位居中下游，也是具有巨大提升空间的区域，青海和西藏则是西部地区群众体育的薄弱省区及区域，也是亟待提高的省区与区域。总之，群众体育强省地处西部地区的西部及东中部、群众体育大省在西部地区的东部纵向一线排列、群众体育中下游省份呈" > "分布、群众体育薄弱省份呈东西一线排列（见表4—3、图4—9）。

表4—3　西部地区各省市区 2008 年和 2009 年群众体育指标总和排名

省市区	2008 年群众体育指标总分	2009 年群众体育指标总分	总分	总排名
内蒙古	94	97	191	2
广西	81	85	166	3
重庆	81	83	164	4
四川	112	106	218	1
贵州	73	60	133	8
云南	73	76	149	6
西藏	26	36	62	12
陕西	77	86	163	5
甘肃	68	60	128	9
青海	39	28	67	11
宁夏	65	63	128	9
新疆	69	78	147	7

图4—9　西部地区群众体育发展水平区域分布

第四节　我国西部地区群众体育事业再发展的思考

一　新时期下的西部地区学校阳光体育长效机制构建

自 1985 年以来，国家先后 6 次公布了全国学生体质与健康调研结果。在此期间，党中央、国务院为关心下一代健康成长与国家发展建设需要，先后在 2006 年和 2007 年与教育部、国家体育总局等国家机关单独或联合下发了《关于进一步加强学校体育工作，切实提高学生体质健康素质的意见》（〔2006〕5 号）①、《关于开展全国亿万学生阳光体育运动的通知》

---

① 教育部、国家体育总局：《关于进一步加强学校体育工作，切实提高学生体质健康素质的意见》，2006 年 12 月，教育部网（http：//www. moe. gov. cn/publicfiles/business/htmlfiles/moe/moe_ 942/200612/19106. html）。

（〔2006〕6 号）①、《关于进一步加强青少年体育增强青少年体质的意见》（〔2007〕7 号）②、《关于实施〈国家学生体质健康标准〉的通知》（〔2007〕8 号）等一系列文件③。在党中央、国务院以及全国各地各级政府与职能部门的高度重视与关心下，2010 年的学生体质调研反映出中小学生身体素质下滑趋势得到了遏制，尽管学生身体素质下降幅度明显减小，但仍然呈现缓慢下降趋势。这种遏制与缓慢下降的结果与广泛开展阳光体育和每天锻炼一小时活动有直接关系④。

教育部体育卫生与艺术教育司司长王登峰曾经说过："如果普通学生的体质没有明显提升，建设人力资源强国就无从谈起。"⑤ 学校拥有丰富的体育场馆资源与雄厚的体育专业人力资源，通过体育教育在树立健康教育与终身体育教育理念，实施素质教育，培养高素质人才中发挥着重要作用。面对学生身体素质下降这个不可回避的现实，尽管当前学生身体素质下降的原因有许多方面，但学校在培养高素质，尤其是学生在校学习期间继续提高身体素质方面则是责无旁贷。提高学生身体素质既是学校内部各个部门整合利用有限的人力、物力与财力发挥最大功效的组织过程，又是各部门长期相互沟通与协作的过程。学校开展阳光体育运动作为提高学生身体素质的重要举措，如何保证阳光体育运动长期开展、保障高效运行、显现提高效果是当前我国学校亟须破解的一个命题。

"机制"在学校阳光体育工作中意味着学校内部开展阳光体育运动的具体部门及人力、物力、财力支撑保障等要素的相互关系、协调方式和措施。因此，学校阳光体育运动长效机制的内涵，从系统论观点出发应是立足根本，并从长期考虑提高学生身体素质的操作部门等各构成要素间的相

---

① 教育部、国家体育总局、共青团中央：《关于开展全国亿万学生阳光体育运动的通知》，2006 年 12 月，教育部网（http：//www. moe. gov. cn/publicfiles/business/htmlfiles/moe/moe_2530/201001/xxgk_ 80870. html）。

② 中共中央、国务院：《关于进一步加强青少年体育增强青少年体质的意见》，2007 年 5 月，教育部网（http：//www. moe. gov. cn/publicfiles/business/htmlfiles/moe/moe _ 1778/201005/88539. html）。

③ 教育部、国家体育总局：《关于实施国家学生体质健康标准的通知》，2007 年 4 月，教育部网（http：//www. moe. gov. cn/publicfiles/business/htmlfiles/moe/moe _ 1581/200708/25266. html）。

④ 杨贵仁：《2010 年国民体质监测结果解读：学生体质与健康问题与成绩并存》，《新疆日报》2011 年 9 月 2 日第 1 版。

⑤ 李高思：《教育部调研称中国大学生身体素质逐年下降》，《中国青年报》2012 年 2 月 22 日第 2 版。

互关系、协调方式和运行体系。为此，学校阳光体育运动的长效机制构建应针对现有阳光体育运动中显现的缺欠出发，从中长期规划、制度、运行协调、专项资金、具体措施5个方面进行思考，从而使学校阳光体育运动始终保持着持久、鲜活的生命力，实现"一高（高质量）、四化（常态化、固定化、规范化、大众化）"的蓬勃发展局面。

（一）学校阳光体育运动存在的主要缺欠

1. 学校领导观念陈旧与注重不够

学校的体育教学虽然拥有良好的体育师资和体育场地资源，但有些学校仍然存在着学校体育"说起来重要，做起来次要，忙起来不要"的现象，表现出没有把学校体育工作进行通盘考虑及把提高身体素质与培养高质量人才紧密结合起来的情况。现在的绝大多数学校领导比较重视学校一年一次的校运会并且能够出现开幕仪式，但上场比赛，与师生交流就很少，经常是坐一坐，看一看，走走过场。现在多数学校运动会的主题不够明确，体现其他体育文化内涵的项目设计偏少已成为普遍现象。在这一点上，运动会的项目设计表现出偏重竞技体育的思想，从而使校运会成为少数身体素质好的学生的表演舞台，而其他众多学生未参与到比赛中来，未体验到体育的快乐，成为学校体育赛事的短暂看客。另外，学校领导到有关部门进行体育工作调研并解决实际问题则就更是寥寥无几。种种现象表明，学校领导关心并注重的是其他学科发展与建设，健康教育与终身体育教育理念虽得到树立，但没有得到切实推进与落实，使学校体育工作处于从属、次要的尴尬地位。

2. 部门多且人员交叉与规模化程度低

目前，学校内部能够承担组织学生开展群体竞赛工作的主要有体育教研部（室、组）、教导处、学生处、校团委、学生所在班级5个教学或行政单位。体育教研部（室、组）承担着全校公共体育教学和组织学生开展群体活动的任务；教导处、学生处有通过班级统一安排学生群体活动，丰富学生课余文化生活的责任；校团委则通过开展群体竞赛活动，进行精神文明建设；各班级自行开展文体活动。它们的共同特点是分别以不同形式、不同规模、相近内容开展校园阳光体育运动。体育教研部（室、组）、教导处、学生处、校团委、学生所在班级构成了学校阳光体育运动组织的5个体系。从5个体系共同利用学生体育干部和教师等人力资源的情况上看，可知学校阳光体育工作的重点是学生所在的班级，而且学生体育干部和教师是推广和践行阳光体育运动的典范人选，更是重中之重。

现实当中，由于工作需要，除体育教研部（室、组）能够在学校领导的大力支持下举办一年一度的校运动会以及部分涉及班级学生的各种体育比赛外，校团委、教导处和学生处虽能举办涉及全校学生的体育比赛，但在能力与水平、规模与质量上均低于体育教研部（室、组）举办的比赛。而学生所在班级则更以参与人员不多、组织简便易行的小型活动见长。体育教研部（室、组）、教导处、学生处、校团委、学生所在班级这5个阳光体育运动组织由于自成体系、分割而治，使用几近相同的人力资源，再加上专业组织经验不足、协调场地不到位、财力不足等因素，表现出活动举办周期短、活动内容单一、参与人员少等特点。由于没有规模而导致学生参与阳光体育运动的吸引力逐步下降，造成参加体育锻炼与活动的学生少了，关注体育的学生少了，偏离体育视线的学生多了，参与影响健康的活动的学生多了。阳光体育规模化现已成为制约学校阳光体育运动发展的一个瓶颈。另外，从中也反映出5个组织间相互沟通少，缺乏相互支持与配合等问题。

3. 督导与评价等制度不健全

由于学校整体体育工作处于从属、次要的地位，所以，学校领导的关注力主要集中在其他学科的建设与发展上，这也就造成了学校内部各级领导只注重开展阳光体育活动的具体结果，只要不出现意外伤害等严重事故就行，使阳光体育开展的过程游离在监督、指导之外。即使有了监督和指导，也只是象征性的监督、指导，并没有把监督与指导工作落在实处。分析其原因，不外乎人员不足和规章制度不全，或者对规章制度执行不力等原因。21世纪伊始，教育部组织的全国普通学校本科办学质量评估，其中强调的教学中的计划、过程、总结等环节评价对我们开展阳光体育以重要启示。在学校开展阳光体育的计划、过程、总结等一系列环节监控过程中，各项规章制度的体系建设就显得尤为重要，因为它是开展阳光体育运动的政策制度保障。目前，学校在原有开展群体竞赛等规定的基础上，逐步丰富阳光体育制度，但多限于规定、年度评选等内容，满足不了学校开展阳光体育工作，尤其是开展阳光体育运动的过程评价需要，即便有，也存在有章不依、执行不严、有果不奖等现象。所以，阳光体育运动的制度建设，尤其是过程评价制度和奖励制度的建立与执行是今后学校检验开展阳光体育运动质量与保持长期开展阳光体育运动积极性的重要措施保障。

4．总体经费与部门经费不足

学校阳光体育运动离不开经费支持。目前，学校的学生体育活动经费在学校总体业务费中占比很小，满足不了学生开展阳光体育活动的需要，在经费使用时更是捉襟见肘。对学校而言，大体上除体育教学业务费外，仅有少部分学校设有校运会专项经费，而专门用于类似开展阳光体育的学生体育专项经费就更加鲜有。总体上看，经费的匮乏严重影响和制约了学校阳光体育活动的深入开展。

（二）学校阳光体育运动长效机制的构建

根据新时期党和政府交给学校的广泛开展阳光体育运动，切实提高学生身体素质的新任务，学校既要面对当代学生独立性、选择性、流动性、分散性、差异性、多变性显著增强的特点，又要面对当前存在力度不大、制度化、规范化、程序化相对滞后的问题。发挥学校文化引领社会文化的重要作用，建立学校阳光体育运动长效机制是学校体育文化先进性、提高体育教师及从事阳光体育工作的师生工作能力、巩固现有学生体质健康水平及展示体育教学成果的现实需要。同时，为保证学校体育工作逐步走出了一条自我创新、自我完善、自我发展的阳光体育改革之路，应从科学规划、完善健全制度、建立长效机制三大方面入手，积极探索并实施开展阳光体育运动（见图4—10）。

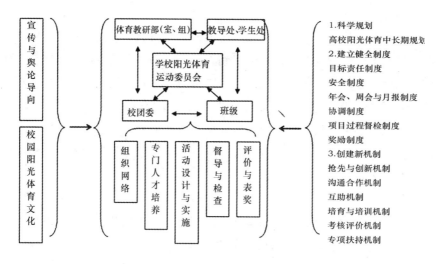

图4—10 高等学校阳光体育运动长效机制构建结构与机理

1. 中长期规划的制定

建立学校阳光体育运动长效机制是一项复杂的系列工作和系统工程，既要有科学性、规范性，又要具备可操作性。根据国家提出的提高学生体质健康这一根本任务，以及学校所应完成任务的目标，应在当前研究制定符合学校实际情况的阳光体育运动发展规划，通过规划设计，加强对阳光体育运动的宏观指导。规划的制定既要考虑学校、学生的实际情况，又要兼顾学校发展与人才培养的现实需要。规划框架结构体系主要应包括指导思想、总体目标、分阶段的任务和目标、制度与组织建设、人才与骨干的培养、组织形式与活动内容、隶属关系、评价体系以及经费保障等。

整体科学规划阳光体育运动避免了低水平重复活动以及因此造成的资源闲置与浪费、盲目冒进等问题，在现有布局基础上，按发展规划思路要求，鼓励跨部门联合与协作，力争效益最大化。学校整体的科学规划既能拓展开展阳光体育所需的空间，又能保证学校内各部门彼此间互不影响、互不干扰，从而用最短的时间实现学生体质健康水平的快速提高。

2. 建立健全管理制度

建立健全阳光体育工作管理制度是开展阳光体育运动的基础保障。通过建立健全阳光体育工作管理制度能够提高师生主人翁意识与自觉性，保证阳光体育工作质量，使阳光体育工作更加理性和精细，实现按时完成工作任务，确保规划制定目标的实现。

（1）目标责任制度

依据阳光体育运动发展规划所制定的工作目标，根据各单位实际能力将工作目标分解到各个部门，落实到人。为调动各部门开展阳光体育工作的积极性，充分发挥人力资源的优势与潜力，加强对阳光体育工作的有效监控，推动阳光体育运动以及相关管理工作逐步向科学和规范方向发展，用实用的科学评价体系代替以往粗线条的考评办法。在明确责、权、利分配条件下，通过签订阳光体育工作目标责任书，来增强责任意识，提高管理能力，转变工作作风。

（2）安全制度

鉴于当前学生身体素质与运动机能下降这一现实状况，学生开展阳光体育活动的人身意外伤害等安全问题就变得尤为突出。为贯彻执行《中央综治委、教育部、公安部关于深入开展安全文明校园创建活动的意见》①《学生伤害事故处理办法》和有关法律、法规、规章的规定以及学校安全工作有关会议精神②，本着"谁主管，谁负责；谁检查，谁负责"的原则，学校要一级抓一级，层层抓落实，层层签订安全工作目标责任书。所有阳光体育活动都有安全应急预案，确保安全工作落到实处。学校应成立由校阳光体育运动委员会部分委员组成的安全组织机构，实行安全教育和管理工作目标管理，把安全工作纳入到阳光体育责任书中并成为目标责任制的重要内容，同时在各种计划、总结中突出体现。建立安全巡查制度，加强对阳光体育活动的安全事故隐患的排查和治理，定期开展安全教育活动并做好事故报告工作，有效防范学校阳光体育工作安全事故的发生。

（3）年会、周会与月报制度

利用新学期开学的合适时间，由主管校长主持召开年度阳光体育工作会议。会议要对上一年度的阳光体育运动开展情况进行总结，公布本年度阳光体育运动工作计划，同时发布上一年度的全校学生体质健康测试公告，并表彰上一年度的学生体质健康测试合格率优秀单位及阳光体育运动工作先进单位与个人。

学校内开展阳光体育活动的体育教研部（室、组）、学生处、校团委、班级总代表等部门负责人及各学生骨干在周末或周初采取轮值担任主席的形式召开阳光体育工作周会，检查各单位阳光体育活动落实情况，解决存在的实际问题。

每个月的月底由体育教研部（室、组）完成资料收集并形成文字材料利用校园互联网网络向全校发布本月阳光体育工作成果，以便全校师生了解和掌握学校阳光体育工作动态。

（4）协调制度

每月利用月底周会协调解决阳光体育活动中出现的需要解决的问题，捋顺关系，尽可能弥补活动过程中的不足，使举办的活动更加圆满与

---

① 中央综治委、教育部、公安部：《关于深入开展安全文明校园创建活动的意见》，2004年5月，教育部网（http：//www.moe.gov.cn/publicfiles/business/htmlfiles/moe/moe_162/200408/2541.html）。

② 教育部：《学生伤害事故处理办法》，2002年6月，中央人民政府网（http://www.gov.cn/gongbao/content/2003/content_62624.htm）。

顺利。

（5）项目过程督检制度

针对具体的阳光体育活动项目要求先立项，在消除安全隐患和核准活动预算后，方可开展活动。活动过程中，组织班级学生体育干部和体育教师专门负责人联合组成督查小组，检查活动过程是否按原设计方案进行，安全措施是否齐备以及活动效果，并针对性提出改进意见，记入评比基本材料档案，为年度综合评选做好支撑材料储备。

（6）奖励制度

奖励制度的建立是为了增强学生参与阳光体育运动的积极性，调动师生开展阳光体育工作的干劲，同时保证开展阳光体育运动各项规章制度得以执行，维护正常的阳光体育工作秩序，是对师生参与阳光体育运动的关怀与爱护，体现了绩效分配原则，是鼓励先进、督促后进和促进阳光体育运动发展的重要手段。学校可根据自身条件与财力状况，多设立奖项，不仅强调年底的一次性奖励，而且还要强化阳光体育活动过程中的奖励，做到小奖不断，大奖不多，突出精品。奖励形式多以精神奖励为主、物质奖励为辅。

3. 学校阳光体育新机制的创建

学校开展阳光体育运动不只是学校体育教研部（室、组）一个部门的责任，而且是全校上下实现提高学生体质健康水平的共同任务。学生身体素质与健康水平提高的成果，也是主要直接接触学生的教导处、学生处、校团委和班级共同组织与参与结果的直接反映。调节上述 5 个主要开展阳光体育工作的部门在工作中保持一个良好的机制，从而保证为校阳光体育增添新活力，保持较高工作效率，结出丰硕成果。

（1）抢先与创新机制

面对阳光体育运动与学校其他学科发展的差距以及不被重视的被动局面，作为开展阳光体育工作的各个部门，要发挥蚂蚁啃骨头与搬家的精神最大限度争取学校领导的重视及更多的政策和财力支持，为更好地开展阳光体育工作打下坚实基础。对于开展阳光体育工作本身来讲，不仅要在思想上有所改变与创新，而且还要在体育课程内容设计、课外活动形式、校园体育文化上有新举措，同时，借助社会力量搞活校园体育活动，保持阳光体育运动的吸引力，把全校师生凝聚到提高体质健康水平的浓厚氛围中来。

（2）沟通合作机制

由于学校的体育教研部（室、组）、教导处、学生处、校团委、班级均为独立教学与行政管理部门，又由不同的主管校长领导，这就造成了各行其政，各负其责，工作起来互不干扰的局面。因此，建立沟通合作机制就显得十分的必要。沟通合作机制的建立不仅能够使阳光体育工作避免重复开展，而且还能及时发现师师之间、师生之间存在的沟通问题并解决问题，了解彼此的工作状态，使开展阳光体育运动的效果得到最大化。

（3）互助机制

学校开展阳光体育运动，除体育教研部（室、组）拥有体育专业知识、专业教师及体育场地设施等优势资源外，学生处、校团委、班级组织开展阳光体育运动的人员素质与水平良莠不齐，而且还缺乏专业知识与专业指导并受体育场地设施的制约。学校开展阳光体育工作就是要运用各个部门的资源优势，以发挥最大的效益。相互帮助具体体现在体育教师与学生体育骨干以及各部门间的相互流动，以一家之长弥补他家之短，互发优势，以期达到共同提高的目的。

（4）培育与培训机制

学校开展阳光体育运动，应首先营造与培育良好的宣传舆论氛围及组织网络。良好的舆论氛围与健全的组织网络可以推进阳光体育工作进一步发展与壮大，使更多的师生从中受益。学校开展阳光体育工作的主体对象仍然是广大学生，但组织者更多是学生体育骨干，对学生体育骨干的培训既能补充其体育知识与技能，又能提高其组织操作能力，使其更具影响力，同时也是降低举办活动成本，提高活动效率最为简捷的办法。

（5）考核评价机制

为扎实推进阳光体育工作，确保阳光体育运动规划各项措施要求得到全面落实，学校应在学校阳光体育运动委员会的领导下，由体育教研部（室、组）联合多部门组成阳光体育工作考核小组，以实事求是、客观公正、民主公开、注重实效为原则，采取自评、互评等方式，全面检验一年来开展阳光体育运动的效果，以促进学校阳光体育工作规范化，展示校园阳光体育工作的成果。

（6）专项扶持机制

就目前而言，学校开展阳光体育工作均面临资金短缺的问题，没有固定的资金支持使多数学校阳光体育运动的推广与落实受到了很大影响，处于停滞、缓办的状态。为保证阳光体育运动的正常开展并进一步得到深化，学校应加快建立并实施校、班经费配套制度，进一步满足阳光体育工作的需要。根据阳光体育运动的开展状况，提供专项扶持与奖励基金，为进一步深化推广阳光体育运动，快速提高学生身体素质与健康水平创造条件。

（三）建立学校阳光体育运动长效机制的几项具体设计

1. 新时期阳光体育运动的定位与思变

在贯彻落实国家文件精神条件下，将学校阳光体育运动工作定位在健身强体、意志的养成、体育文化的建设、体育精神的凝练等较高层面。践行"健康第一"思想，发挥体育教育对学生文化素质的促进作用，高度关注体育工作，将阳光体育运动的一些做法容纳到学校人才培养体系中，建立责任制和长效机制，同时将体育工作和学生体质提升工作纳入专业建设计划，做到体育教育工作和其他专业建设相互融合支撑，做到体育教育和文化教育并举，体格和人格并举。

2. 组织与制度保证

在校阳光体育运动领导小组的领导下，在校园群体竞赛组织网络中，加强学生体育协会与课外体育俱乐部建设，并把阳光体育的组织网络延伸至学生楼舍、寝室，使阳光体育组织网络更加完善，确保开展阳光体育运动无死角、无漏点。同时建立阳光体育运动目标责任、项目立项审批、项目过程督检、例会与通报、安全巡查、评奖等制度，通过引入改革与创新、合作与互助、培育与培训、专项扶持等新机制，确保学校阳光体育运动顺利进行并得到蓬勃发展。

3. 突出体育课程改革

学校在体育课程选项分班教学的基础上，根据学生身体素质条件，实施分层与分档教学，实施普修体育课程免修制度，对具有一定技能的学生，通过考核允许进入俱乐部学习，在俱乐部中实行教学突出技能指导，学生在完成相关课程后，通过考核可获得相应的学分。

在教学项目上，在原有选课课程基础上，把社会流行的瑜伽、极限运动等学生喜爱的课项引进课堂，丰富体育课选项内容，真正建立起体育课题超市。同时在体育课堂内，将800米跑（1000米）和立定跳远，或者其他学生体质健康标准测试项目作为学生每个学期的必考项目，并将得分计入该生的体育课成绩，来代替体育课堂内把握不准的平时表现评定，以量化标准督促学生平时加强耐力、力量等练习。

针对不同身体素质的学生开设体育健康教育与康复、运动心理干预课程，对身体柔弱的学生进行有区别的、适合学生身心特点的健康理论教育。

4. 强化课外体育的组织与开展

加强学生课外体育俱乐部与学生体育社团的建设，使原有的学生体育俱乐部与体育协会成倍增长，同时启动"五个一锻炼行动"，即每学年每个学生每天锻炼一小时，学会一项体育技能，参加一次体质健康测试，参加一个体育社团，参与一项体育竞赛。

在学生体育协会建设上，开展"双二计划"，即每个班级组建2个体育社团，每年开展2项体育竞赛活动，使学校体育社团组织保持一定的规模，开展体育活动要达到一定的次数。

5. 兼顾大型体育活动与各单位、学生组织及个人举办的中小型体育活动

学校除每年联合各部门举办一次校体育大型活动外，还应鼓励学生社团组织尤其是体育社团组织开展学生群体竞赛活动，做到学校抓大事，其他单位、组织和个人天天有活动，月月有比赛，年年有总结与评选，进一步促进校园体育活动的开展，丰富阳光体育活动的内容。

6. 建立学生体质健康测试学分及预警机制

为使学生重视体质健康测试，保证测试数量与质量，将每年度的测试列为学年体质测试必选学分课程，根据测试合格与否来决定是否赋予1学分。

根据以往年度测试结果，根据及格比率，设定及格率底线，分级预警，针对不同级别启动学校不同级别的联动机制，针对测试情况采取相应对策并积极组织实施有关措施，切实提高学生体质健康水平。

7. 坚持资金投入与借助社会力量办校园阳光体育

学校为进一步开展学生阳光体育工作，设立"阳光体育工程"基金，保持0.5万元/年的增长额度，到2015年"阳光体育工程"基金西部地区学校年拨款额平均要达到或超过2万元。同时，积极吸引社会企事业单位通过赞助、冠名、联办等方式加入进来，以获得资金或实物支持，为长久地开展阳光体育运动积蓄物质储备。

综上所述，学校开展阳光体育运动，提高学生身体素质与体质健康水

平是一项长期、艰苦的工作，应把其当作事业进行发展与建设。学校开展阳光体育运动应在以科学规划为指导、以校园体育文化建设为引领、以规章制度为基础、以机制运行为关键、以专项经费为补充的条件下，打破框框、互通有无、相互支持、联合举办，使阳光体育运动具有吸引力和活力，保证阳光体育运动长久地开展下去，达到激发学生体育锻炼热情、提高学生体质、繁荣校园体育文化的目的。

二 西部地区乡镇政府机构职能强化与农民群众体育发展对策

对于西部地区而言，社会与经济条件的落后严重制约了西部地区群众体育事业开展。面对城市化缓慢及高比例的农村农民人口，推进农民全面健身运动工作可谓困难重重。西部地区全民健身如果没有广大农民的参与，就不是完整的全民健身运动，就不是真正意义上的全民健身。现在，西部地区广大农民开展体育健身运动直接接触的是乡镇一级的政府机构，因此，乡镇政府是负责本行政区域开展农民健身活动的中坚指导力量。

（一）西部地区乡镇政府中的组织机构与体育职能

1. 西部地区乡镇政府中的机构与体育职能

（1）乡镇党委

乡镇党委是党在农村的基层组织，是建设社会主义新农村、发展农村经济、维护社会稳定的直接指挥者，是党与群众、政策与实践之间最重要的"直接联结点"。其工作任务包括《全民健身计划纲要》《体育法》的宣传及组织、协调农民体育工作。

（2）乡镇政府

乡镇政府的主要工作是提高经济、科技、教育和各项社会事业发展水平，其中包含了本行政区域内的文化教育、体育、卫生等社会公益事业的工作任务，其具体工作由主管文教卫生工作的副乡（镇）长负责。

（3）乡镇文化站

我国农村乡镇政府中的文化站是最具有开展农民体育文化活动能力的机构或部门。其日常工作就是组织开展丰富多彩的文体活动，为乡镇党委、政府、广大农民提供文化活动服务，这其中包含了举办各类体育活动、组织体育培训、举办科普普及宣传活动，完成上级布置的相关任务以及指导本行政区域内的全民健身工作，是广大农民身边直接接触的一级政府机构。

2. 西部地区乡镇政府中兼有体育职能的群众性组织

在西部地区乃至全国的乡镇一级管理的政府组织中，共青团、妇女联合会、农民体育协会、老年人体育协会在全民健身运动开展工作中发挥着重要推动作用。其中，农民体育协会和老年人体育协会在全民健身运动开展工作中所起的作用越来越大，是开展农村体育不可忽视的一支重要力量。

（1）农民体育协会

农民体育协会的主要职能是组织、指导广大农民开展群众性体育活动，培养和培训农民体育工作骨干，挖掘和推广农村民族传统体育。通过举办农民体育健身活动，改变农民体育健身观念，宣扬体育文化，丰富农民体育文化生活。

（2）老年人体育协会

老年人体育协会是专门组织老年人开展体育活动的组织，其职能是组织开展适合老年人的体育健身活动。通过积极开展老年人体育健身系列活动，推进老年人这一特殊群体的群众体育事业发展，其所开展的工作受乡镇文化局的监督和指导。

（3）乡镇政府补充的社会体育组织及民间体育组织

除以上体育组织外，在西部地区乡镇中，乡镇政府根据全民健身工作需要，调派人员成立了晨晚练习站（点）；同时，广大人民群众根据自己的喜好自发成立了如气功协会、风筝协会等民间体育组织。这些政府投入建设的益民机构及人民群众的自发组织在西部地区农村经济和社会发展水平不高的阶段发挥着重要、关键的体育健身作用。

（二）我国西部地区乡镇社会体育存在的主要缺陷

1. 体育设施短缺

根据资料显示：我国现有体育场馆约 70 万个，而我国乡镇地区仅占整个体育场馆数的 20.2%。同理，西部地区由于农村人口相对多于城市人口，通过对比可以看出西部地区乡镇体育设施的严重不足，且现实中西部地区乡镇体育设施的老旧状态十分明显。由于乡镇体育受到锻炼场地、锻炼器材等设施的影响，致使乡镇农民体育锻炼形式受到极大的限制，在某种程度上使体育文化的多样性受到了影响，缺少场地是影响村民参与体育活动的最主要、最直接的原因①。

2. 农民体育人口严重偏少

新时期，我国的体育人口约为总人口数的 34.5%，相对于工业发达国家来说还处于比较低的位置。在全部体育人口中，有 55.11% 的体育人口属于城市人口。现阶段调查显示，我国西部地区乡镇体育人口依旧严重偏少，② 其原因就是西部地区广大农民现阶段主要解决的是温饱问题，体育健身还没有提升到提高生活质量这一层面上来。另外，经济条件的落后也影响了西部地区农民体育人口的增加。

3. 农民体育健身意识淡薄

根据调查显示，多数农民群众把日常的劳作当成体育，劳作的疲惫及生活压力，使农民群众无暇参与体育健身活动，而且其普遍认为体育健身与自己无关，出现了体育健身的认识偏差，也因此没有了体育健身的动力。由于农民体育健身意识淡薄，严重影响了农民的体育健身积极性。

(三) 影响我国西部地区乡镇农民体育事业发展的原因

1. 经济条件的负面影响使乡镇体育事业投入不足

政府经济投入是乡镇农民体育健身工作开展的重要保证。正是由于西部地区的经济相对落后，使西部地区各级政府对群众体育事业的投入低于全国平均水平，而对于乡镇来说，人力、物力、财力的投入少之又少，从而造成乡镇体育设施、器材奇缺的现象，如此一来，也使乡镇体育指导工作无从下手，很难发展乡镇农民体育。

2. 乡镇政府中的机构体育职能弱化

作为乡镇一级的政府，随着西部地区大开发战略的实施，其主要精力与业务现在均集中在经济发展方面，从而忽视了体育健身乃至体育文化在经济发展与建设中的作用，导致乡镇政府领导不重视农民体育健身工作。在乡镇政府的 32 项工作中，按照重要程度排序，体育工作排在第 31 位，由此可见，乡镇政府领导对农民体育健身工作的重视程度。同时，由于重视经济发展工作，而使农民体育健身工作机构的人员倍感失落，要人没人、要物无物、财力单薄的现状困扰着乡镇农民体育工作，乡镇政府中具

---

① 王俊奇、宋京佳、饶爱蓉：《赣浙闽皖乡镇村体育现状与发展对策》，《山东体育科技》2004 年第 4 期。

② 刘胜：《我国乡镇体育人口偏少的成因及对策研究》，《武汉体育学院学报》2002 年第 3 期。

有体育职能的部门和机构及其所开展的工作没有切实得到加强。

3. 乡镇体育活动缺乏必要的组织引导

长期以来，我国西部地区乡镇体育活动处于低迷状态，下棋、跑步等成了少数农民主要的体育活动形式。由于缺乏一定的组织引导，体育锻炼活动没有被经常化、普及化，团体合作、互助型的体育项目和体育活动在我国西部地区的乡镇开展得不多，其原因是农民在日常生活中所关注的主要是家庭的生计问题，闲暇时间也用来思考如何提升生活水平，根本无暇顾及体育健身。所以，有组织的体育活动和比赛较少，参加的人次也少。

4. 缺乏专门人才使体育健身工作难度加大

目前，我国西部地区乡镇体育工作所面临的困境是缺乏一定数量的社会体育指导员，由于乡镇的经济水平比较落后，加之乡镇交通不便利，导致很少有专门人才愿意到乡镇基层去工作，而负责体育工作的乡镇干部大多数出身本乡本镇，不是体育科班出身，体育专业知识少之又少，对于体育锻炼能够给农民生活带来的重大影响缺乏深刻理解。另外，负责体育工作的乡镇干部对于农民体育工作的认识还存有一定的偏差。所以，在乡镇社会体育的工作开展中仍还存在相当的难度。

（四）我国西部地区乡镇社会体育事业发展对策

1. 普法教育，转变乡镇政府领导和西部地区农民的体育健身观念

小康社会的创建与设计、西部大开发战略的实施，其根本目的在于实现西部地区广大人民群众物质文化生活水平与精神文明建设的双丰收。西部地区的乡镇一级政府组织就是这场社会大变革的领头羊，乡镇一级政府组织的领导不仅要发展当地的经济，还应注重精神文化的建设。体育健身作为一种体育文化，蕴含于精神文明建设之中。《体育法》和《全民体育健身计划纲要》的颁布，给乡镇一级政府组织的领导提供了开展农民健身工作的法律依据，乡镇一级政府组织的领导要重视和加强当地农民的体育健身工作，长期树立组织农民开展体育健身工作是农民群众之福的观念，带动和推进农民群众体育工作，切实落实农民群众健身工作，为小康社会的实现，在农村体育工作上有更实质的宣传、组织工作做出新贡献。西部地区农民群众作为全民健身运动的受益者，在逐步提高生活质量与水平的同时，经过乡镇政府各级各类组织的宣传教育，明确什么是体育、什么是体育健身，农民群众拥有哪些体育健身权利，彻底改变"体育无知、健身无法、不知找谁"的体育健身被动思维方式，提高健身意识与观念，

积极参与体育健身。养成科学健身习惯是积极生活、享受社会物质文明进步成果、提高生活质量的更为有效的一种途径。乡镇政府的领导和当地农民群众体育健身观念的转变是以后西部地区开展农民体育健身工作最为关键的环节。

2. 强化乡镇政府相关组织机构的体育职能，推进西部地区农民体育事业发展

随着西部地区经济与社会的发展，西部地区乡镇政府领导和农民群众体育健身观念的加强，会给西部地区农民体育事业的发展带来根本性的转变，农民体育事业工作也势必得到加强，乡镇政府体育工作的重要性也绝不会排在乡镇政府工作的倒数第2位。乡镇政府中与体育工作相关的组织机构，会在乡镇党委和政府的领导下开展更为具体的农民体育健身工作，群众体育活动会越来越多，活动的组织形式会更加多样化，活动的内容也会更加丰富多彩，农民群众也会更多地参与进来。乡镇政府体育职能的强化势必改变西部地区农村体育人口较少的局面，能够充分满足西部地区农村体育工作、农民群众体育健身的强烈需要，同时也会加快推进西部地区农民体育事业的全面发展。

3. 分层级建立农民体育活动组织，形成西部地区农民体育健身大网络

开展全民健身运动无外乎"人、组织、政策制度、经费"等条件的科学供给与保障。体育健身组织的搭建在西部地区农民体育事业发展中占有重要地位。西部地区乡镇政府多，所辖的区域大，农民群众多，光靠乡镇一级的政府组织开展农民体育工作是不现实的，也满足不了西部地区农民体育事业发展的需要。乡镇政府支持的晨晚练习站（点）、体育协会等体育组织应按乡镇、村（组）两级设置配建，民间体育组织应以村（组）为基础点构建，建立纵向的乡镇、村行政体育组织与横向村头民间体育组织的交叉体育组织格局。创建以乡镇、村的政府与民间的体育组织节点，通过与其他相邻节点的联合组织农民体育健身活动，形成众多乡镇、村农民健身工作的组织网络，获得网络内农民群众体育工作联动、互补的组织效果，彻底提高西部地区乡镇农民体育事业的发展水平。

4. 乡镇政府加大对农民体育工作的经费投入

充足的经费是乡镇开展农民体育工作的重要保障。所以，除了上级政府的资金支持，西部地区乡镇政府还应自行建立乡镇农民体育健身经费预

算制度和乡镇、村的农民体育健身配套基金制度，有了充足的资金，才能完善农村体育场馆设施，组织开展丰富多彩的农民体育健身活动，才能引进急需的专门体育人才，进而增加体育人口和体育骨干数量，才能真正地推进西部地区农村体育文化建设、农村群众体育事业的发展。另外，还要进一步解放思想，开源节流，充分发挥社会各界的力量，把农村群众体育工作放到市场上，多渠道争取社会力量的投入，弥补农村群众体育健身工作的经费不足。

5. 多手段宣教到基层，培养农民的体育文化意识

如今随着科学技术的进步与发展，我们可以通过纸质、电子媒介，有线、无线网络等途径，全面宣传《体育法》《全面健身计划纲要》以及科学健身知识等体育文化信息，全面、深入报道农民体育活动，营建农民体育健身的浓厚氛围，培养农民正确的体育价值观，增强农民群众体育健身意识，吸引广大农民群众投入到体育健身活动中来。为了配合媒体的体育宣传工作，上级政府要积极组织力量，开展经常性的体育下乡活动，尤其要深入到那些落后的偏远地区，针对农民现有的文化水平和认知水平，散发简便易行的体育类图书与宣传册，将体育相关知识、体育的魅力、体育的作用、体育给人们带来的益处等信息传递到老百姓的心中，让他们从心里接受体育，爱好体育，为西部地区的乡镇体育发展打造一个良好的开端。

6. 充分利用农民闲暇资源，加强对农民的体育教育与培训

农民有"闲"时间较多，且闲暇时间的季节性差别大，这对农民开展体育培训来说是有时间资源的。因此，乡镇政府要充分利用农民的闲暇时间，对农民进行体育教育与培训。第一，要充分调动各级政府部门力量，加强体育宣传和推广。如联系新闻出版部门，结合西部地区需要，编制、出版适合西部地区需求的，让农民感兴趣、看得懂、学得会的体育读物，免费发送给他们；可以联合电台、电视台设置和创作具有吸引力的体育节目吸引农民主动学习。第二，在分析、掌握农民体育需求的基础上，加强与各级政府部门联系，整合内外资源，有针对性地加强对农民的体育培训。在时间上可以根据农民闲暇时间的分布情况，农忙时注意劳动力和精神的恢复，开展以休息性和娱乐消遣性为主的体育活动；农闲时则把重点转向实践性强的体育活动，建立流动宣教团等，突破校园、教室的围墙，向家庭院落、街头巷尾和田间地头扩散，多形式、多渠道地组织、吸

引广大农民积极参与。

7. 挖掘和推广民间传统体育项目

民间传统体育来源于劳动和生活，它是通过言传身教来传承的，从而缺乏文字记录。把民间传统体育传承下来并融入当今社会中，第一要了解和认识一些运动的历史和运动的基本技术、技巧，并进行相应的调查考证。第二要通过不断的实践，归纳出动作技术要领和动作组合技巧，并根据人们的年龄、兴趣等特点，组织开展活动，使广大农民群众了解并喜欢民间传统的体育项目。只有这样，才能更好地传承、推进民间传统体育的发展。

乡镇农民体育工作是西部地区群众体育事业发展的重要组织部分，也是最为关键的一个工作环节。因为它代表着西部地区农民的切身利益，能够根本地体现西部地区群众体育事业的发展程度，对西部地区其他体育事业的发展乃至经济与社会发展产生重要影响。因此，西部地区乡镇政府既要重视发展经济工作，不回避现阶段西部地区农民体育事业发展不足的问题，又要重视农民体育工作，以提高农民群众体育健身意识、加强农民体育健身工作为出发点，通过转变观念、加强政府有关部门组织职能、建立与健全农民体育组织、形成农民健身工作网络、加强宣教与培训、挖掘和推广民间传统体育等切实惠民的健身措施与手段，为农民群众体育办实事、做好事，从而彻底提高西部地区农民体育事业的发展水平，为西部地区竞技体育事业发展、群众体育事业发展、体育产业发展打基础，做好铺路石。

三 西部地区少数民族传统体育事业发展的构想

（一）西部地区少数民族传统体育的产生

我国西部地区自古以来就是一个多民族繁衍生息的地区，其特殊的地理与地域环境、生活方式和宗教信仰，造就了西部地区人民剽悍、勇敢、尚武的性格和民风。由于民族众多，从而形成了种类繁多的民族传统体育项目，这些独具特色的民族传统体育项目，正是中华民族博大精深的体育文化极其重要的组成部分，是我国古老文化的具体体现。西部地区少数民族传统体育的产生和形成有其独特的渊源和影响因素。

1. 与众不同的地域环境

文化生态理论认为："离开了人类创造的一定地理环境中的气候、

地形、土壤、水分、植被、动物以及矿产、能源等自然条件，离开了人类生存繁衍的自然生态环境，一切文化创造活动都将会失掉客观的基础。"①

我国西部地区地处青藏高原、黄土高原，江河湖泊纵横，崇山峻岭林立，广博的冰雪、沙漠戈壁和黄土高坡，雄险复杂的地质地貌结构，与众不同的有机统一的自然地理单元②，特定的生态环境衍生出与其相适应的特定的文化，奠定了西部地区少数民族传统体育不同项目与文化产生的基础。"草原骄子"的蒙古族，过着"随草迁移"的游牧生活，精骑善射，"随草迁移"形成以骑射为特点的赛马、赛骆驼等传统体育项目。居住在青藏高原的藏族爬山、骑马、射箭，使用牦牛是牧民日常生活的重要组成部分，在此基础上逐渐形成了高原登山、赛马、射箭、赛牦牛等传统体育项目。③ 独特的地理环境造就了西部地区少数民族体育文化的地域性特征，同时，也由于西部地区地形的限制，交通的不便，过去缺少与外界的沟通，使他们的民族体育项目保存了更为完整的民族性，成为今日我们国家体育文化研究中的瑰宝。

2. 多民族分布

我国有 44 个少数民族分布在西部地区，随着历史的发展，各民族不断融合分化，最终形成各自独立的民族，形成了有别于其他民族的文化。不同的民族有不同的生产生活方式、不同的宗教信仰、不同的祖先崇拜、不同的节日习俗、不同的民族心理。各个民族所处的地理环境不同，由地理环境带来的自然条件也不同，各民族都在自己的文化背景下形成了独具特色的体育文化传统。④ 绚丽多彩、丰富多样的民族体育项目源于他们的民族生活和文化，被打上了深深的民族印记，不少运动项目如蒙古式摔跤等只有在这些民族中存在和流传，具有很强的民族标识性，如回族人民就十分重视练武活动，他们中流行着弹腿、查拳、"阿里棍"、"沙家杆子马家枪"等许多拳种和器械武术套路。生活在青藏高原的藏族人民的"朗

---

① 卢元镇：《体育文化审视》，北京体育大学出版社 1998 年版，第 219—220 页。

② 芦平生、杨兰生：《西部地区少数民族传统体育的形成与发展》，《西北师范大学学报》2001 年第 2 期。

③ 吴璇：《西部地区少数民族传统体育的形成与发展综述》，《和田师范专科学校学报》2008 年第 5 期。

④ 任莲香：《西部地区少数民族传统体育文化的特征及发展趋势》，《甘肃社会科学》2008 年第 4 期。

青沙西合"（又叫大象拔河）、赛牦牛、藏族式摔跤等也是藏族人民特有的体育传统项目。生活在帕米尔高原能歌善舞的维吾尔族则有"达瓦孜"即"高空走绳"，是维吾尔族喜爱的传统体育活动。生活在新疆牧区的哈萨克、柯尔克孜、乌兹别克、塔吉克民族，性情剽悍的青年男女酷爱"叼羊""姑娘追"等马上运动。这些体育项目有的源于生产劳动，有的源于节日习俗，有的是为生存和反抗凌辱演化而来，总之都是各个民族为了生存和发展创造出的带有本民族特色的传统体育，是当代中国体育文化百花园中的奇葩。

　　3. 宗教信仰

　　在远古时代，由于生产力的低下，人们无法对大自然的种种现象做出解释和抵抗，自然灾害的发生直接威胁着人们的生存。在这种情况下，人们便将自然作为神一样的存在，产生了对天、对自然的崇拜，于是原始的宗教祭祀活动就产生了。宗教是当时社会最强有力的社会意识形态，它对当时人们的生活产生了重要的影响。在人类社会的发展中，体育的产生与宗教的存在紧密相关，宗教教义的某些方面，在一定程度上对民族体育的发展起了促进作用，这就使得两者存在着相互渗透、相互促进的关系。宗教的活动可以孕育体育的萌芽，可以成为体育发展的源泉。同样，体育的发展又会产生新的宗教信仰和宗教情绪，甚至一些新的崇拜方式。这主要表现为以下几个方面：第一，过去，对于自然灾害人们无法做出科学的解释，只能将其归为一种神的力量，为了更好地生存，人们试图与神灵和睦相处，使之造福人类。因此，人们便按照自己生活中的习惯和喜好，来想象神的生活，取悦神灵，为此人们设计了众多的仪式活动，希望通过虔诚的信奉让神看到自己的忠诚，进而保佑人们的生活。由此产生了原始的以体育活动为主要特征的宗教祭祀仪式。这些仪式转变发展成后来的各种体育项目。第二，由于不同民族有不同的宗教信仰，在其本民族独特的宗教观念支配下，他们有意识地通过一些具有本民族特色的方式来进行宗教改造，其中也渗透着本民族体育的内涵。第三，在很多大型的宗教节日里，有很多体育活动会同时进行，这表明宗教已成为人们，尤其是少数民族地区人们的一种生活方式，它与当地各个民族的生活、文化、道德规范和风俗习惯等在长期的发展中已相互结合，融为一体，构成了这些民族文化的一部分。因此，在56个民族相亲相爱大团结的社会环境下，我们要充分尊重不同民族的宗教信仰，充分挖掘其中包含的可提高民族人口质量的民族传统体育以及其文化有利因素，发挥民族传统体育在全民健身过程中的功效。

4. 狩猎和战事

采集、狩猎、游牧等是人类早期社会生活的基本形式，尤其是西部地区内陆地区，由于地理环境和社会发展的局限，自原始社会开始，人们的生产和生活方式以采集、狩猎为主，在他们的生活实践中，为了获取生存资料所形成的跑、跳、击、射等原始的运动技能成为日后这些民族独特的体育形态。在甘肃敦煌的石窟中，留存着西魏时期的壁画，壁画中刻画着人们早期狩猎的场景，人们围堵猎物，攻击野兽，这些激烈的场面都被画师们生动地刻画出来，清晰地体现了古代人们生产实践和原始体育相互影响、密切相连的关系。在原始社会生产力低下的条件下，人类为了生存，为了获取生存的最基本的食物，通过他们的体能和智慧去猎取野兽，在这一过程中，既锻炼了人的体魄，又提升了人类的思维能力。在原始的劳动方式中萌芽了最初的体育形态，而随着生产力的发展，生产工具的使用，也促进了原始体育技能的发展。当生产力进一步发展，人们的生活不再完全依赖狩猎活动后，体育竞赛变成了力与美的展示与竞争，也变成了各国文化的一部分，是国力的一种体现。战争在人类社会发展中一直是一个既毁灭又创造的角色，是人类社会发展的一种推动力量，也是一种集社会矛盾于一身的复杂现象。在古代社会，尤其是西部地区少数民族地区，为了民族的生存和民族利益，与异族的争端时有发生，为了能在战争中取胜，人们不仅要进行智慧的较量，还要进行体能和技能的拼搏。在残酷的战争中，各个民族通过连年的战争实践，创造了具有本民族特色的军事体育项目。蒙古族作为一个在马背上成长起来的民族，他们精骑善射，同时由于长期的战争，使蒙古族传统体育的发展必然与战争、马匹相关联，例如骑马、射箭这些体育活动就是从战争年代延续下来的古老体育项目，也是蒙古族最为普遍的体育活动。在藏族的历史上，骑兵和牦牛为藏族的战争立下了不朽的功绩，所以，人们对牦牛更加喜爱，也由此产生了与牦牛有关的体育项目——赛牦牛。从某种意义上说，古代各民族的军事战争和与之相关的训练活动，提高了本民族的军事战斗力，锻炼和提高了人民的身体素质，同时也促进了民族体育的发展。战争年代留存下来的军事训练方式等对今天的民族体育的延续、发展产生了重要的作用，可以说这是现代民族传统体育的历史源头。

（二）西部地区少数民族传统体育的主要特征

中国传统文化源远流长，作为主流文化的儒家文化，重视人与人之间关系的和谐，重视人与自然的和谐。我国西部地区少数民族地区，经济、文化落后，生活条件较差，受中原传统文化和伦理道德观念的影响相对较小，在相对宽松的文化环境里，创造了形式丰富、内容多彩的民族传统体育文化，这些独特的体育活动不仅丰富了人民群众的生活，而且增强了民族成员的内部团结与民族认同感，表现出鲜明的民族特征。

1. 民族性

民族性是指民族传统体育体现在特定类型的民族文化中，并作为其基本内核而存在的民族文化心理素质的特征，是对于特定的文化类型的最高层次的概括，它具有沟通特定民族中全体成员心灵的普遍性。[1] 体育作为文化的一种表现形式，体育的民族性实际上是本民族文化的体现。[2] 每个民族特定的社会生活经历、经验和特定的文化背景，反映了本民族传统体育的重要特征。首先，民族传统体育是在长期的封闭状态下，综合各种因素所形成的，是一个民族独特的历史环境、特色的民族文化共同作用的结果。其次，民族传统体育项目的民族性还表现在其独特的体育运动形式上，各个民族在长期的、特定的生产和生活习惯中，形成了各具特色的体育活动，这些体育活动体现了不同民族的民族风格与性格。我国是一个拥有 56 个民族的大家庭，每个民族都有其独具神韵的传统体育项目，它们植根于民族的传统文化土壤中，积淀了丰厚的文化底蕴，形成了五彩缤纷的民族传统体育，这造就了中华民族传统体育富有民族性的特点。[3]

2. 传承性

民族传统体育在横向发展上，不同的民族有着不同形式的体育活动，体现了民族体育的民族性特征，在纵向的传承中，民族体育也有其独特的传承性。传承性是民族体育的一种传递方式，民族体育从原始的生产、生活实践及宗教祭祀过程中演变而来，并在长期的社会发展中被各个民族加以继承和弘扬，而这种传承不是简单的继承，而是随着社会的进步、生产力的发展，在吸收传统体育文化精髓的基础上注入与时代相符的积极因

---

① 刘少英:《民族传统体育学》，民族出版社 2011 年版，第 34 页。
② 刘素梅:《论民族传统体育文化的特征与功能》，《搏击·武术与科学》2008 年第 1 期。
③ 张冬:《从体育人类学的角度论民族传统体育的民族性》，《体育世界》2010 年第 4 期。

素，这从根本上也符合发展的内在规律，民族传统体育正是在这种传承中得以延续至今，成为我们今天独特的体育文化。因此，少数民族传统体育项目成为民族传统体育文化传承的一个重要载体及传承途径。

3. 多样性

西部地区的少数民族都经过了漫长的分化、融合，最终形成了各个独立的民族及独特的本民族文化。我国西部地区少数民族传统体育产生于民间，流传于民间，其延续与发展，无不与不同民族的习俗、生存环境、生活习惯、伦理道德、宗教信仰、价值观念等联系在一起。同一传统体育项目内容，在不同民族体育活动中呈现出的活动方式也不尽相同，例如，在西部地区的许多民族中都盛行赛马运动，蒙古族、柯尔克孜族的马球运动，哈萨克族、柯尔克孜族的"姑娘追"，塔吉克族、维吾尔族的"叼羊"，以及各民族的马上射箭、套马、马上角力等，风格各异，异彩纷呈。少数民族传统体育的多样性使这些传统体育项目具有更为重要的研究价值，在我们中华传统体育文化中占有重要的地位。

4. 交融性

每一种传统的体育项目最初总是在某一地区、某一民族中发展起来的，随着社会的进步和文明程度的提高，各民族间的交往逐渐频繁，不同文化模式与类型的相互碰撞和交流以及民族之间的渗透，使民族文化进一步融合，民族产生时所具有的共同地域、血缘关系等都发生了不同程度的变化。因此，人们在进行体育活动的同时，将各民族许多传统的体育项目相互融合，共同学习，最终达成共识。这种现象被某些学者称为"文化辏合"，他体现了民族体育发展规律中的一种共融性特征。民族体育的交融性还表现在文化和艺术的相互融合上，我国许多少数民族能歌善舞、能骑善射，产生了进攻性和艺术性相统一的传统体育项目，既强身健体又愉悦身心，达到了健、力、美的和谐统一。少数民族传统体育的交融性是社会进步的表现，在各民族相互交往的过程中，既传承了本民族的体育文化，又借鉴其他民族的优秀体育项目，创造出一些新的项目，为少数民族传统体育的文化发展以及广泛开展全民健身运动做出了新的贡献。

（三）西部地区少数民族传统体育的价值和功能

西部地区少数民族传统体育作为体育运动，能够满足个体和社会强身健体的需要，而作为一种文化形态，在不同的历史时期也有着不同的价值和功能。

1. 西部地区少数民族传统体育的价值

价值的形成源于主体的需要，而价值形成的条件是客体具有满足主体需要的基本属性。在西部地区少数民族传统体育的发展历程中，各民族所形成的不同形式的体育活动，都与本民族的价值观念、稳定的价值取向以及社会关系有着密不可分的联系。因此，民族传统体育的价值也是多元的，它基本能够满足人们各个层次的价值需求。

（1）历史价值

西部地区少数民族传统体育蕴含了丰富的历史文化信息，展现着本民族的历史，这是其民族体育历史价值的最主要表现。民族传统体育是一种深深根植于历史肥沃土壤中的种子和构建文化摩天大厦的基石。民族传统体育往往能够成为历史的风向标、时代的晴雨表、社会的温度计，在很大程度上为人们展示历史的风貌和再现时代的印迹。西部地区少数民族传统体育，是在一定的历史条件和自然条件下产生并传承下来的，作为历史的产物，必然烙有历史的印记，反映了西部地区的自然生态状况和社会的政治、经济、科技、军事、文化等状况，是西部地区各民族人民千百年来智慧和汗水的结晶，也是他们长期身体实践的活态表现形式。作为一种原生态的保留和反映，其中必然蕴含着十分丰富的历史文化印记与片段信息。第一，西部地区少数民族的传统体育项目通常是因某个历史事件或某个重要人物而逐步形成和发展起来的，这些历史人物和事件对当地民族传统体育的形成、发展、传承和传播都起到了重要的作用。所以，关于民族传统体育的研究，可以反映出它背后的历史文化，民族传统体育也因此成为传播西部地区历史文化的重要载体。第二，民族传统体育能反映某一历史时期西部地区的物质生产、生活方式、思想观念、风俗习惯以及社会风尚等，它是人们文化生活中最活跃、最积极和影响最直接、最广泛的社会实践活动。第三，民族传统体育多为民间的、非官方的、活态的存在形式，它可以弥补官方正史典籍的不足、遗漏或讳饰，有助于人们更真实、更全面、更接近本原地去认识已逝的历史和文化。因此，我们必须要深刻认识西部地区民族传统体育的历史传承价值，充分尊重并保护这些延续至今的民族体育形式，以确保民族传统体育文化代代相传。

（2）社会价值

民族传统体育的社会价值是指其满足社会或他人物质或精神的需要而具有的价值，其价值具体体现了人与体育、社会发展三者之间的联系。人的一切活动都不能离开社会而单独存在，社会性是人的根本属性，民族传统体育来源于人们生产和生活的实践，服务于实践，并一代代传承下来，影响着社会的发展，这本身就说明了它强大的生命力和社会价值。

第一，民族传统体育这种独特的文化表现形式有助于增进民族团结、社会稳定与政治统一。由于我国西部地区是少数民族人口数量分布较多的地区，所以西部少数民族地区的社会稳定直接关系国家的稳定与发展。西部少数民族传统体育以其独特的社会价值，发挥着维系民族情感、振奋民族精神、增强民族凝聚力的重要作用。我国是一个统一的多民族国家，只有少数民族地区的生产力发展起来了，才能实现国家、社会的全面进步。所以，通过大力发展西部地区的民族体育事业，可以维护好边疆地区的和平与稳定。第二，民族传统体育的社会价值还体现在促进西部地区经济发展的方面。西部地区地理位置偏西，交通与经济发展相对落后，开发民族传统体育产业，既可以加速社会产业化发展，又可为西部地区带来经济效益。同时，通过民族传统体育活动的开展，也会拉动西部地区旅游业的发展，创新发展了西部地区经济发展的新模式。

（3）审美价值

"各民族在自我形成发展过程中，不仅创造了丰富多彩的民族传统体育形式，而且也还赋予了美的内涵。每个民族的传统体育活动，从某种角度讲，都可以说是一个民族美的载体。"[1] "在这种独特的运动形态中，注重了把民族感情、民族精神、民族风格、民族理念等自然融合在其审美对象和审美主体之中，使参与者和观赏者都能获得精神上的享受，这就是少数民族传统体育文化富有魅力和活力的重要原因之一。"[2]西部地区少数民族传统体育来源于人们生产和生活的实践，其所具有的审美价值要从体育活动的过程中来欣赏，体育运动本身就是一种美的创造和表现过程，在运动过程中，参与者本身所具有的身体、姿态，以及其在运动中所表现出来的力量、精神，连同外在的服饰和器材、环境等，都能满足我们各个方面、各个层次的审美要求，这种体育美是一种综合性的美。通过体育活动，参与者本身能获得身体的锻炼，精神的愉悦，作为观赏者，通过对体育活动的审美评判，不仅能获得视觉上美的享受，同时也使其审美能力得

---

①　姚重军：《少数民族传统体育文化研究》，民族出版社 2004 年版，第 23 页。
②　卢兵：《中华民族传统体育文化导论》，民族出版社 2005 年版，第 36 页。

以提升，从而使心灵和性情都得到陶冶。因此，对于民族传统体育的审美价值，我们可以用"赏心悦目"来概括。总之，在西部地区民族传统体育活动的开展过程中，不管是参与者还是观赏者，都能够得到自然、社会、艺术等多方面的审美体验，这也充分显示了民族传统体育的审美价值。

2. 西部地区少数民族传统体育的功能

（1）文化传承功能

西部地区少数民族传统体育是西部地区的一种民俗文化。民族传统体育活动千百年来不间断的在炎黄子孙中传承，它反映的更多的是各民族传统文化的传承。将民族文化、民族风俗、民族习惯融入体育活动中，通过民族传统体育的形式使广大民众在身体活动中，体验到一定程度的亲切感、归属感和欣慰感，西部地区的赛马、赛牦牛都是当地的民族生活习惯，将其加以竞技性的展现就成为西部地区少数民族传统体育的一种形式，而且通过这种体育活动，也反映了西部地区少数民族热情、豪爽、坚硬的民族性格，并使其不断传承。这正说明西部地区少数民族传统体育有着强烈的文化传承功能。江泽民同志在《为促进祖国统一大业的完成而继续奋斗》的讲话中指出："中华各族儿女共同创造的五千年灿烂文化，始终是维系全体中国人的精神纽带，也是实现和平统一的一个重要基础。""民俗不仅统一着社会成员的行为方式，更重要的是维系着群体或民族的文化心理"，并且这种文化的传承随着我国国际地位的提升和全球经济一体化进程的加快，也正在被世界人民所接受。

（2）教育功能

体育作为人类教育的组成部分之一，在朦胧的原始社会，处于萌芽状态的两者是融为一体的。早期的人类抽象思维的能力还很低，人类还没有能力将具有某些相同作用的事物或相似的事物区分开来，体育与教育混为一体，成为一种必然的发展现象。由于受当时语言、文字、符号等发展状况的局限，迫使人类只能通过自身的身体行为来表达自己的感受与自身的需求，实现与他人的交流与沟通，共同合作完成为求得生存所必需的活动。所以，在当时的情况下，人类教育的内容主要是进行生产和生活技能的传授。因此，体育成为重要的教育内容。在西部地区许多少数民族留存下来的体育活动中，有些体育项目本身就是生产、生活技能。例如，维吾尔族的赛马、蒙古族的赛跑、藏族的射箭等，这些都是他们在原始社会中为生存所培养的生活实践方式，这些生产、生活技能经过一代代的传授，在技能传授的过程中还包含着对意志品质的培养，使得这些少数民族地区的人民不仅能骑善射，而且集聚了诚实、勇敢的良好品质和民族心理。这些都是通过民族传统体育的教育功能所展现的。

（3）健身娱乐功能

体育运动一个最显著的功能就是健身功能，人们通过直接参与运动，实现体力和能量的消耗，并在此过程中获得身心的放松和能量的转换，进而可以发展体能和提高身体素质，较好的体质是满足社会发展需要、发展生产力必不可少的物质基础，这就决定了体育在民族社会生活中的健身功能。由于民族体育项目具有很强的观赏性、艺术性，使人们在强身健体的同时，愉悦身心、调节情感、陶冶情操，获得精神上的满足，所以少数民族传统体育又具有其独特的娱乐功能。其中，对少数民族的社会发展最为重要也是最基本的功能仍然是其健身功能。强身健体在少数民族的社会生活中，不仅是个体的需要，也是维系民族生存的保障条件。由于西部地区少数民族传统体育具有特殊的强身健体功能，在长期的发展过程中被人们不断地发展应用，使其体育的健身功能更为凸显，更容易被人们所认知、所接受，使民族传统体育能在本民族中广泛而长久地沿袭与发展，由于各民族生存的地域环境、生产生活方式、文化习俗存在差异，就形成我国各民族形式多样、风格迥异的传统健身手段与方式，这些传统体育健身活动也就成为各民族战胜自然、战胜瘟疫、获取健康与走向强盛的重要保证。千百年来，西部地区少数民族传统体育的健身性和娱乐性都渗透在民族文化和民族生活的各个角落之中，影响着人们的社会文化和社会生活。

（4）民族凝聚功能

少数民族传统体育活动既是一种群众性的社会活动，又是一种独特的民族性活动。这种属性决定了少数民族传统体育与其他文化一样，具有民族凝聚的功能。作为一种民族文化载体，其包含着文化、地域、社区与群体的生活方式、价值观念和审美情趣，发挥着较强的共鸣与凝聚作用。[1] 例如在内蒙古各地举行那达慕大会时，周围牧民往往乘车或骑马，倾家出动，前往观看传统三项赛，这不仅给比赛增添了许多民族团结的气氛，而且也反映出一种民族认同感和凝聚力。民族传统体育作为一种文化载体，

---

① 饶远 、刘竹：《中国少数民族体育文化通论》，人民出版社2009年版，第106页。

同时也担负着民族间相互联系和交流的桥梁和纽带作用。中国是一个多民族的大国，党和政府高度重视民族团结工作，多次举办全国民族传统体育运动会。西部地区作为少数民族的主要聚居区，为加强民族间的文化交流，通过举办地方民族体育盛会，既振奋了民族精神，促进了民族团结，又大大推动了民族事业的发展和繁荣。由此可见，民族传统体育对增强民族凝聚力、促进社会进步发挥着重要的功能和作用。

（四）西部地区少数民族传统体育发展现状

西部地区以特殊的地域环境、经济生产方式、民族文化以及多民族成分所形成的民族共同体为西部地区少数民族传统体育的产生和发展提供了有利条件。西部地区少数民族传统体育项目正是在这种条件下繁衍、生息、发展、传播的。

1. 西部地区少数民族传统体育项目概况

民族传统体育项目不仅具有一般体育文化的属性和特征，更为重要的是它们承担着传承本民族文化的任务，也是传递民族文化的重要载体。据不完全统计，西部地区的少数民族产生和传递下来的民族体育项目达 400 多项，其中数量最多的为藏族，其次是维吾尔族。西部地区由于自然环境特殊，这些源于生产实践的体育项目多为竞技类活动，又由于民族众多，宗教、节日等习俗的不同，体育项目又具有各自民族的特色，总体上西部少数民族地区的传统体育项目可分为竞技类、节庆类、娱乐类三种。虽然民族体育各具特色，但也不乏一些共同点，例如赛马、射箭、摔跤等竞技类的体育活动是各个民族都比较推崇的，也是参与人数比较多的体育项目。

2. 西部地区少数民族传统体育开展的情况

西部地区少数民族传统体育项目虽然是在长期的人类生存和社会生产实践中产生的，但随着社会的进步、生产力的发展，传统体育活动的广泛性大不如前，个体自主进行体育活动的行为偏少，民族传统体育活动多为政府组织，而且多安排在传统的民族节日里，民族传统体育的开展没有制度化、规范化的统一的管理，普及率较低，还未能与当地学校教育相结合，西部地区的民族传统体育项目虽然有着得天独厚的条件，但却未能有效利用其优势发展成为一种大众性的民族体育文化。

3. 西部地区少数民族传统体育的管理匮乏

目前，西部少数民族地区虽然有着丰富多样的民族体育项目，但却没有较为完善的相关政策对其进行有效的管理，传统体育活动仅限于在各民族内部组织开展，没有形成一套完整的理论和实践模式。主要表现为西部地区的各级政府普遍缺乏专职的体育分支机构，缺乏熟悉少数民族传统体育的专职人员进行有效管理和指导，对少数民族传统体育项目的保护与开发资金投入严重不足，进而导致少数民族传统体育的挖掘与保护以及少数民族传统体育人才严重匮乏，严重阻碍了民族体育事业的发展和创新。

4. 西部地区少数民族体育社会化、产业化举步维艰

长期以来，由于受到西方文化观念和价值观的不断影响和渗透，导致了我国体育事业在发展进程中一直以西方体育项目为主要内容，并以此作为主导的竞技体育发展模式。一方面，竞技体育技术教育水平，竞技运动的成绩优劣时刻牵引着我们体育事业的发展方向，使得原本传播范围狭窄，参与人数较少的西部地区少数民族体育项目处于自生自灭的状态。另一方面，由于西部少数民族地区多为偏远山区和牧区，远离中心城市，地理封闭，交通、通信等基础设施落后，使得民族大众形成了封闭的体育思维方式和心理，同时也使西部地区少数民族体育文化仍处于一种原生封闭的形态。由于社会历史的原因，地域环境、经济文化的制约，限制了西部地区少数民族体育商品化、产业化的发展。西部地区少数民族体育文化资源丰富，但分散，起点低，规模小，影响力小，只能依附于旅游业，更没有长远客观的发展规划。对于民族体育，我们没有认真地从文化层面上去认识其特殊的意义，没有认识到民族体育文化的重要性，导致西部地区少数民族体育长期处于弱势状态，发展举步维艰。

（五）西部地区少数民族传统体育事业发展的构想

1. 重视理论研究，加强少数民族传统体育项目的挖掘、整理和推广

西部地区由于其独特的地形地貌和气候条件，形成了各具特色、丰富多样的民族传统体育项目。随着现代社会的发展，民族的融合，西部地区少数民族传统体育项目的生存条件越来越恶劣，濒临消亡。因此，西部地区有关政府和教育部门，应根据各少数民族的特点建立民族传统体育文化研究基地，培育一批学术骨干，以课题为主，深入挖掘各民族的传统体育所蕴含的优秀资源。在研究中，不仅要研究少数民族传统体育形成的基础性理论，还要与民族特色相结合，与民族经济发展相联系，扩大民族交流，整合并丰富完善少数民族特有体育文化，实现传统体育文化的创新和发展。通过促进民族融合与交流，传播少数民族传统体育文化，更有利于

西部少数民族地区的政治稳定和民族团结，为西部地区经济和社会的发展、进步做好铺垫。

2. 根植于学校体育教学，增加少数民族传统体育文化传承途径

学校是传播文化的重要载体，民族传统体育的传承也需要学校这一平台。民族体育进入学校教育，不仅能在理论和方法上得到提升，同时在普及力度上也能得到空前的拓展。西部地区的少数民族传统体育来源于其生产和生活的实践，具有很强的健身价值，其形式多样，又具有民族特色，在学校中开展不仅能锻炼青少年的体魄，更有助于其民族性的发挥，而且也使民族体育得到更广泛的传播。因此，西部地区的政府和教育部门应重视将民族传统体育项目引进到学校的体育教学中，使学校真正成为传承和弘扬民族传统体育的重要载体。通过编写适用于当地学生的具有民族特色的体育教材，让学生在体育活动中感受本民族的文化传统，利用民族传统体育强健体魄，使西部少数民族传统体育真正作为一种文化得以传承和弘扬。

3. 更新观念，健全民族传统体育文化保障机制

西部地区少数民族传统体育是我国体育事业的一部分，对我国体育事业的发展至关重要。加强西部地区少数民族传统体育的科学开发和管理，建立健全、长效的发展与管理机制，保障其良性有序地发展，这对于西部地区民族体育事业的发展也同样至关重要。因此，西部地区的各级政府和体育文化管理部门要更新观念，高度重视少数民族传统体育文化建设，将其纳入西部大开发的战略中来，与社会经济建设和发展同步进行，根据不同民族的风俗特点、民族习惯、宗教信仰等制定不同的管理模式，由政府宏观调控，形成有效的管理机制，保障西部地区民族体育文化事业长久发展。

4. 制定适宜的民族体育文化政策，促进民族地区经济社会发展

西部地区的少数民族文化是我国古老文明的重要组成部分，其传统体育文化也历史悠久。对待这一古老文化，我们要有针对性的制定适宜其发展的体育文化政策，促进民族传统体育的复兴，以体育文化间接推动西部地区经济发展。首先，制定西部地区少数民族的体育文化挖掘与保护政策，要以弘扬先进文化为首要原则，既要传承和发扬少数民族的传统体育文化，又要立足于时代，积极吸收和引进外来优秀文化，实现体育文化的创新与融合。其次，制定民族文化政策还要与民族地区的宗教政策联系起

来，充分尊重西部地区各少数民族的宗教信仰，同时坚决抵制不法分子披着宗教外衣进行的违法活动，使民族传统体育文化更好地服务于西部少数民族地区的发展。此外，制定适宜的民族体育文化政策还要与西部地区的经济、社会和政治相结合，不仅要考虑民族体育文化的共性，还要结合西部地区的地理特性和少数民族文化的民族性，在发展民族体育文化的同时，兼顾西部地区的经济发展和政治、社会协调发展，实现增强民族团结和社会稳定的统一。

5. 大力推行民族传统体育文化社会化

少数民族传统体育文化的传承与推广就是要使民族传统体育文化能够面向社会，成为人民群众喜闻乐见的大众文化。推行民族传统体育文化的社会化，就要让民族传统体育走出地域的限制，将其纳入国民经济和社会发展的总体规划，坚持政府和民间的互动与结合。在西部少数民族地区，继续坚持继承和弘扬民族的传统体育，积极组织开展少数民族传统体育活动，实现少数民族传统体育民族性、体育性、科学性和观赏性等方面的功能与价值。另外，国家要加大对西部地区少数民族传统体育文化的资金投入，使民族体育朝着正规化、制度化的方向发展并与国际体育相接轨，调动各方面的积极因素，推动民族传统体育事业的健康、稳步发展。

6. 开发传统体育文化资源，推动民族地区经济发展

西部地区的少数民族传统体育蕴含着丰富的有待开发的文化资源，它的开发不仅能展现体育文化的发展价值，同时也对当地民族经济发展有着重要推动意义。"体育文化搭台，经济贸易唱戏"，传统体育文化可以同体育产业相结合，共同发展。通过组织传统体育比赛活动，举办特色体育节等，吸引海内外游客前来旅游观光，与此同时，利用这样的机会推进当地少数民族特色服饰、食品等行业的发展，加快西部民族地区的经济建设，经济的发达反过来又能促进少数民族体育事业的进步和发展。

四 西部地区全民健身发展对策

全面建设小康社会的目标给西部地区全民健身体育事业带来前所未有的发展机遇和挑战，全民健身最终要落到惠及大众全面参与的实处，只有按照要求，面对挑战，根据约束条件以及西部地区的实际情况，认真解决群众体育事业发展中长期积累和存在的突出矛盾和问题，突破群众体育事业发展的瓶颈制约和体制障碍，围绕全民健身计划实施对象的范围和目

标，准确分析参与群体的特征，切实抓好占全国少数民族人口最多的西部地区的全民健身活动，才可能开创出西部地区体育现代化建设的新局面。为此，从在全面建设小康社会中发挥体育功能的认识条件、改革条件、组织条件等制约全民健身的因素入手，依据西部地区体育事业发展的内外环境和体育自身发展规律，西部地区应认真、全面、有效实施全民健身计划。

（一）西部地区实施全民健身计划的基本对策研究

1. 西部地区各级政府应将实施全民健身计划作为实现社会经济发展的重要对策

西部地区国民体质水平与人口预期寿命等健康状况明显低于全国其他地区平均水平，劳动年龄内丧失劳动能力的人口比例高于东部地区，居民收入及消费支出处于全国中等偏下水平，这些不利因素阻碍了西部地区的经济和社会发展。因此，西部地区各级政府必须把实施"全民健身计划"与实现经济增长和人的可持续发展联系起来，必须作为经济和社会战略发展的始发点，在制定战略和政策上给予优先考虑和安排。

2. 建立多种力量办体育的社会化运行机制

群众体育事业社会化是当前乃至今后西部地区推行全民健身计划非常重要的途径，因为受经济条件的制约，西部地区各级政府较大幅度增加群众体育事业的财政投入仍然受限，所以，西部地区各级政府应从观念、指导思想及工作方法上实现转变，以社会化为体育体制改革的突破口，调动社会各方面办体育的积极性，形成政府与社会、集体与个人多种力量办体育的局面，改变群众体育事业发展运行机制，以完善体制、健全网络、丰富资源为先导，满足西部地区群众体育事业快速发展的需要。

3. 西部地区各级体育管理部门应转变职能

第一，西部地区各级体育管理部门应发挥对本地区群众体育的宏观指导作用，科学运用管理手段，建立灵活的调控机制。

第二，管办分离，该让社会和个人办的，让社会和个人办，加强收费健身经营项目的管理与审查，确保群众体育工作的效果。

第三，推进健身服务网络建设，发展体育协会与社会体育指导员建设，给予分类指导、技术支援和政策引导，保障群众体育工作健康发展。

4. 发挥政府财政对群众体育事业的投入作用

群众体育事业发展经费投入相对低及增幅缓慢是西部地区各级政府财

政投入的普遍现象。为保证对群众体育事业的投入应做到相关投入与地方国民生产总值同步增长，为弱势地区提供特殊发展基金与政策，加大体育场馆与体育设施建设力度，开放现有的体育场馆与设施，建立专项资金配套制度，切实发挥政府对群众体育事业投入的主渠道作用，调控群众体育事业发展进程。

5. 学校应是实施全民健身计划的重点

西部地区 0—14 岁人口占总人口近 1/3 的比例，远高于全国 26.81% 的平均水平，他们的健康状况关系到西部地区未来的建设与发展。学校作为实施全民健身计划的重点，具体应做好以下几方面工作：第一，各级各类学校认真落实并实施全民健身计划，坚持经常检查、考核、评估等工作，建立制度，逐步使学校体育教育规范化；第二，促进阳光体育教育观念转变，确立适应和满足社会发展及需求的"终身体育"观；第三，坚持民族传统体育教育，传承西部地区少数民族传统体育文化；第四，校园体育文化建设与精神文明建设共依共存。

6. 发挥民族区域优势、重视并积极开展少数民族传统体育活动

西部地区作为我国少数民族人口较集中的地区，少数民族人口占区域总人口的比例较高。各级体育行政管理部门应对少数民族开展全民健身活动给予高度重视，通过建立和完善少数民族体育协会组织，培养少数民族社会体育指导员队伍，挖掘和整理各民族传统体育活动项目，举办少数民族体育节、会，组织力量将《体育法》和《全民健身计划纲要》等重要文献资料翻译成民族语言出版等措施，充分保护和开发少数民族传统体育文化。

7. 农村体育是西部地区群众体育事业发展的突破口

西部地区农村和农业仍占很大比重，农业人口相对集中，在农村推行全民健身计划具有重要意义，同时也是提高西部地区群众体育事业发展的基础。"推动实施农民体育健身工程"给西部地区农村体育工作的开展提供了良好的发展契机。农村体育工作落实的力度、工作要求和考核标准应"大、严、高"。另外，针对特殊地理条件、特殊落后的乡镇农村体育工作，可以广泛实施"体育扶贫工程"，给予特殊资金支持，保证农村体育事业均衡发展。

8. 加大宣传力度，重视宣传效果，提高大众体育意识

实施全民健身计划受经济基础的制约，同时也受意识和观念的制约。

一个人或一个群体一旦形成了较强的体育意识，就有可能把参加健身活动当成一种生活需求而产生自觉的行动，即使经济不太优越，组织跟不上，也能主动创造条件参加体育活动。在宣传引导方面，西部地区做了很多工作，并已取得了较好效果，从调查中看，81.39%的人知道全民健身计划，88.1%的被调查者认为有必要在西部这样较落后的地区实施"全民健身计划"，91.2%的调查对象认为有必要制定专门法规来保障全民健身计划的实施。可见宣传的作用十分重要，今后应在传播面和宣传深度上加大力度。

（二）关于西部地区实施全民健身计划的保障体系的基本构想

构思符合西部实际，建立能够有效支持西部地区广大人民群众积极参与科学健身活动，与社会主义市场经济体制相配套的，结构完整、功能齐全、有序管理和运行良好的全民健身保障体系，克服计划经济体制下社会对群众体育保障的局限性和改变政府大包大揽的国家福利模式，建立起由政府和社会共同承担全民健身保障任务的统筹共办的运行机制，实现最大程度的全民健身及群众体育社会化。

1. 建立体育管理与执法社会化运作的群众体育管理体系

体育行政部门的主要职能是调查研究、统筹规划、政策引导、组织协调、评估检查、沟通信息、提供服务等，工作的重心应放在宏观调控上。建立决策、管理、执行功能相对分离的管理体系，并与新的行政运行机制相适应是当前体育行政部门的首要任务。避免直接参与事务性工作，具体工作可交给相应机构或社会体育组织的观念必须要建立。大力发展不隶属政府或体育行政管理部门的事业单位、协会团体及民间体育机构，大量事务性工作和群众体育工作要面向社会、面向大众，明确具体工作要由集体与个人组织实施完成。

2. 强化依法管理，建立保障全民健身的体育执法体系

体育行政管理部门要转变职能，提高效率，尽快建立依法行政和依法管理的群众体育监督执法体系，使之纳入社会化、法制化管理的轨道。

3. 建立满足多层次体育健身需求的服务体系

合理配置体育资源，制定符合实际的价格标准和切实保障大众多层次的体育锻炼需求，是构建全民健身服务体系时应注意的问题。当前西部地区群众体育事业的发展需引进竞争机制，鼓励民营或私营企业参与，打破体育行政管理部门独家垄断局面，适度竞争，保证群众体育工作良性发

展。探索符合地方实情的健身服务，提供与健身保障一体化的体育供给制度。体育供给制度应以街道、企业等社区为单元，以组织活动、提供服务为重点，以提高居民的身体和心理健康为主要目的，确保需求。建立包括合理和规范的价格体系，以及基本保障、辅导站、活动点及场馆等基础设施在内的全面、综合的体育健身服务体系。

4．建立多元化筹措资金、保障全民健身计划实施的资金体系

西部地区各级政府在财政投入较少的情况下，应适当增加政策性投入，拓宽资金投入渠道，从而弥补财政投入的不足，逐步向政府投入与社会投入相结合的方向转变，以广开源、多渠道方式筹集资金支持西部地区群众体育事业的发展。

5．建立表彰制度及科学评估体系

西部地区应结合本地实际情况制定全民健身评定标准、细则、实施办法以及评估标准。实施评估检查会使全民健身计划深入持久地贯彻落实下去，并使全民健身工作向科学化、法制化、规范化和制度化方向发展。评定标准与评估标准的制定应坚持量化原则，使指标科学、准确、可比、可查，把激励机制引入到群众体育和全民健身计划的实施工作中去。对不同阶段的工作要求应不同，标准计分权重应有所变化，体现工作发展与指标体系的动态管理。评估工作采取定期和不定期方式由省市区行政部门依据评估标准和细则，采用计分制定量评估。另外，应采取组织自评与上级管理部门现场评定、抽查及考核相结合的办法，对参评单位的工作总结、材料和按照评分细则填报的数据，严格审查，体现评估工作的严肃性。评估标准的解释权应在体育管理部门，体现评估标准的权威性。

第五章　我国西部地区体育产业
发展状况研究

第一节　我国西部地区体育产业发展现状

体育产业是我国体育事业发展中的重要组成部分，体育产业对促进体育事业发展，推动地方经济建设发挥着重要作用。我国的改革开放以及实施西部大开发，为西部地区体育产业的发展提供了两次难得的发展机遇。西部地区各省市区根据本地区的实际发展需要，抓住了机遇，伴随着产业结构的调整、升级，体育产业表现出勃勃生机，产业领域不断拓宽，产业规模不断扩大，产业效益明显提高，初步形成了以体育建筑、体育彩票、体育健身用品和娱乐等行业为支柱的体育产业市场体系。同时，西部地区在国家及地方各级政府的大力支持下也呈现出具有地区体育产业特色的新局面。

一　体育建筑业发展迅速

根据 2008 年、2009 年《体育年鉴》统计，2008 年政府援建西部地区体育场馆总计 37139 个，各省市区平均为 3095 个，2009 年政府援建西部地区体育场馆总计 54607 个，各省市区平均为 4551 个，整体平均增长 47.04%。2009 年西部地区政府援建体育场地投入 173538 万元，各省市区平均投入 14661.5 万元。2009 年政府援建体育场馆，平均每个体育场地拉动近 3.18 万元的政府投入。如果按 1 万元解决一个就业岗位计算，西部地区在体育建筑业方面就能解决至少 17 万个就业岗位，同时体育场馆的使用会使上百万人从中受益。从政府援建体育场馆数量上看，西部地区除青海和宁夏在 2009 年略有减少外，其他 10 个省市区在 2008 年的基础上均有大幅度的增建，其中陕西增建数量最多，西藏增建数量最少。从政府援建体育场馆投入资金上看，四川、云南和内蒙古在 2009 年投入较多，西藏、青海、宁夏投入较少（见图 5—1、图 5—2）。

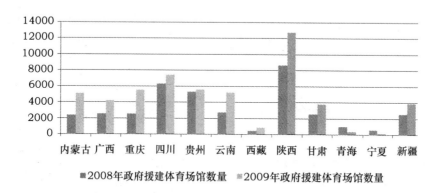

图 5—1　2008 年和 2009 年西部地区各省市区政府援建体育场馆数量比较

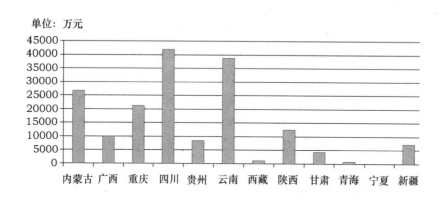

图 5—2　2008 年和 2009 年西部地区各省市区政府援建体育场馆投入对比

二　全民健身活动设施增建与投入带动体育用品制造业发展

为推动本地区群众体育运动的开展，吸引更多的人民群众参与到体育健身活动中来，在满足人民群众健身的需求的基础上，西部地区各地政府均积极落实全民健身计划，针对城市和农村广泛实施了体育健身惠民工程。这些工程的重点就是增建和扩建全民健身活动设施。全民健身活动设施建设包含室外全民健身公园与广场、室内全面健身中心和青少年俱乐部，以及配套的健身路径、小篮板、乒乓球台、部分球类项目用房、健身房和游泳池等。2009 年西部地区各省市区共建设全民健身活动设施 90406 个，拉动政府投资 300 亿元，这为西部地区的体育制造业提供一个广阔的市场空间，也为当地的体育生产厂家带来巨大的经济效益（见表 5—1）。

表 5—1　　2009 年西部地区各省市区全民健身活动设施建设与国家及
各级政府投入统计

省市区	全民健身活动设施建设数量	国家、省、地、县投入统计（万元）
内蒙古	1353	21252
广西	2988	10112
重庆	28053	227773
四川	8355	36792
贵州	2142	228179
云南	980	10598
西藏	352	341
陕西	3171	9332
甘肃	40538	45847
青海	936	2406325
宁夏	1220	3304
新疆	318	1975

三　体育彩票发行增长快速

体育彩票作为新兴的"无烟"产业，在西部地区从不被熟知，到迅猛发展只经历了短短 5 年。资料显示，西部地区部分省市区 2009 年一年的体育彩票发行额超就过了前 5 年的发行总额，"十一五"期间西部地区 5 年体育彩票发行总额也明显超过上个 5 年，且成倍增长。体育彩票发行的快速增长不仅使彩民受益，而且体育彩票的大部分收入也用于支持各类体育事业，对发展西部地区的体育事业起到了极大的推动作用（见图 5—3）。

单位: 亿元

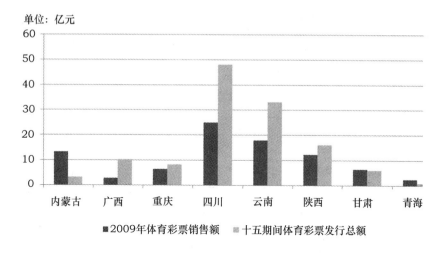

图 5—3　西部地区部分省市区"十五"规划期间与 2009 年发行体育彩票比较

四　体育产业经营实体初具规模并显现经济效益

西部地区体育产业伴随着改革开放从公有经营开始并统领着当时西部地区体育产业市场。根据国家政企分开、事企分开的政策要求，一些体育事业单位的下属体育产业经营单位从母体剥离出来，进入体育产业市场，同时一些私营企业和个体业户抓住时机也开始进入体育产业市场。在"十五"规划和实施西部大开发的初始年，即 2000 年，西部地区的体育产业经营实体虽然在数量及实力上都处于比较薄弱的状态，但均表现出了顽强的生命力和勃勃生机，由西部地区不同省份的百余家、千余家经营业户，创造了促进就业，产出值高的业绩，形成了"小业户，大效益"的良好局面。以 2001 年的西藏为例，5 家业户创利 587 万元，解决了 292 人的就业问题，平均每家业户创利 117.4 万元，平均每人 2 万元，这在当时的西部地区尤其是西藏，数目是可观的。再有云南 2001 年平均每家体育产业经营业户创收 191 万元，平均每个从业人员创收近 30 万元。广西体育产业经营业户通过近 10 年的发展，2009 年已达 3000 余家，创收 10 亿元，平均每家体育产业经营业户创收 33.3 万元（见表 5—2）。这些数据表明：西部地区的体育产业空间正在逐步扩大，体育产业经营业户逐渐增多，其参与体育产业市场竞争的能力逐渐增强，这也从侧面证明了体育产业市场正在逐步走向成熟。

表5—2 西部地区部分省市区不同年份经营企事业单位社会和经济效益对比

省市区	专营兼营单位数	经济效应（万元）	从业人员数	备注
内蒙古	2946	51900	14661	2004 年数据
陕西	2000	200000	5000	2007 年数据
西藏	5	587	292	2001 年数据
云南	848	162803.2	5519	2001 年数据
重庆	1875	37536	9367	2002 年数据
广西	3000	100000	—	2009 年数据

第二节 我国西部地区体育产业的潜在资源与西部地区体育产业发展定位思考

一 西部地区尚待急切开发的体育旅游资源与体育旅游设计示例

西部地区自实施大开发战略以来，体育产业已基本形成了体育产业市场红火、主体产业突出、社会与经济效益明显的快速发展态势。西部地区体育产业的发展自西部大开发以来，仍是以竞技体育、全民健身与娱乐等方面所需要的硬件建设为主。西部地区拥有广博的土地与人文资源，通过开发，西部地区现已成为国内重要的旅游区域。这对当地的经济发展起到了极大的推动作用。借助体育事业的发展，依托体育平台开发体育旅游业已在西部地区部分省市区初现端倪。根据查阅到的文献与新闻报道来看，西部地区部分省区的省会城市、地级市举办的群众体育活动，如陕西西安的"登长城"、四川绵阳的"赛会经济"、甘肃兰州的"百里黄海风情体育节"、内蒙古的"那达慕大会"、青海的"环青海湖自行车赛"等虽带有体育旅游的韵味，但还是打上了明显的竞技体育和群众体育印记。甘肃的"丝绸之路体育健身长廊"、陕西的"关中体育长廊"和"一线三岸"、新疆的"环天山万里体育长廊"等健身工程已初步形成了以地域为特点的轴带，虽然不是以体育旅游为主，但发展体育旅游的基本构思正在逐步实践。据报道，意大利的体育旅游年产值从 20 世纪 80 年代的 180 亿美元达到目前的 500 亿美元，超过了汽车制造业和烟草业的产值。意大利的国土面积与旅游资源均赶不上我国西部地区，单从地域与人文资源上看，西部地区体育旅游业具有广阔的发展空间并蕴藏着巨大的经济效益。目前，西部地区体育旅游业发展欠缺的是科学设计规划以及具体的实施措施。体育旅游业的快速发展不仅推动了当地经济的发展，同时也推动了体育事业的发展。因此，西部地区各省市区如何利用丰富的旅游资源，依靠西部大开发优惠政策来开发体育旅游资源并尽快发展体育旅游业是当前西部地区各省市区政府发展体育事业亟须考虑的问题。

体育旅游业作为体育产业的重要组成部分，其快速发展受社会经济发展水平与国民收入高低制约，是通过借助体育文化活动与旅游资源的完美结合与优化组合的渐变历程。部分旅游资源可能为某一地区独有或由多个地区所共有，这样就为单一地区的旅游形成特色以及多个地区构建旅游一体化提供了先决的基础条件。体育旅游业也可以以单点、多点、点线上的旅游资源进行多种形式的开发与利用。

西部地区地貌地形与自然条件纷繁复杂，同时还拥有众多的江河、山脉、举世闻名的人文景观，这些资源都为体育旅游业的发展提供了其他省市区无法比拟的资源优势。通过梳理西部地区拥有的自然与人文资源优势，我们可把西部地区的体育旅游资源分为自然旅游资源和人文旅游资源两大类。

自然旅游资源可分为以山、川、地质公园等资源代表的地表类以及以江、河、湖、温泉等为代表的水质类两个基本类型。在地表类体育旅游资源中可设计登山、野营、山地自行车等体育旅游产品；在水质类体育旅游资源中可设计漂流、游泳、划船、垂钓等体育旅游产品。人文旅游资源又可分为历史遗迹类、宗教类、少数民族类和人造物类4个体育旅游资源类型。在这些类型中既可以打造溯源、游历、宗教文化、武术、民族传统体育、休闲娱乐等单一的体育旅游产品，又可以通过组合产生复合、衍生的体育旅游产品。

根据西部地区拥有的江河、山脉、人文景观等资源特点，我们可以充分利用体育旅游资源设计点点连线、点线连线、线线交叉的跨地区的体育旅游产品，从而构建西部地区体育旅游的联动与一体化区域，进而丰富西部地区体育旅游业的内容（见表5—3）。

表5—3　西部地区体育旅游资源构成及可持续开发体育旅游资源产品示例

资源类别	基本类型	体育旅游资源	可开发体育旅游资源产品示例
自然旅游资源	地表类	山、川、地质公园	登山、攀崖、狩猎、滑翔、野营、山地自行车、冰雪节等
	水质类	江、河、湖、温泉	漂流（节）、冲浪、游泳、垂钓、龙舟、划船、沐浴疗养等
人文旅游资源	历史遗迹类	都江堰、三星堆、黄龙溪等	溯源踏青、游历节等
	宗教类	峨眉山、青城山等	登山、宗教文化溯源、武术节等
	少数民族类	壮族、藏族、蒙古族等	赛马、射箭、斗牛、火把游行等
	人造物类	欢乐谷、高尔夫等	攀岩、蹦极、热气球、高尔夫等

二　西部地区体育产业发展的定位思考

我国体育事业的发展在现阶段高度依赖国家统筹与社会经济发展的支持。体育产业的发展受地区经济发展水平、人民群众可支配收入高低、健身意识强弱与活动、地区体育文化氛围营造等因素制约。西部地区整体经济水平现均低于我国东部及中部地区，是我国经济发展最为薄弱的地区，同时也是人均 GDP 产值低、可支配收入低、人民群众多数较不富裕的区域之一。从体育事业发展力上讲，西部地区大多数省市区无论是竞技体育事业发展水平，还是群众体育事业发展水平均低于我国其他地区。体育产业发展从人力上讲，西部地区虽然有近全国 29% 的人口，但这些人口中的大多数处于不富裕阶层；西部地区各省市区平均近 38% 的体育人口作为群众体育与体育产业发展的中坚力量与我国其他地区的省份相比，至少低 5 个百分点。另外，从事体育产业的管理、经营及其他从业人员在质与量上均低于我国其他地区。从物力上看，10 年来尽管国家和地区各级政府加大了投入，兴建了大批体育场馆与全民健身活动中心，但仍不能满足人民群众的需要，体育产业经营单位数量在全国范围内均低于全国平均水平。从财力上看，西部地区经济发展水平、人均可支配收入、人民群众富裕程度等严重制约了体育产业的发展。

综上所述，结合现有西部地区体育产业发展水平实际情况，西部地区在现阶段的体育产业发展上仍需要大量兴建体育场馆与全民健身活动中心，以满足人民群众体育健身需求及解决社会就业问题；通过体育建筑业带动体育用品制造业、体育用品批发与零售业的发展，依托体育场馆承办高水平赛事带动竞技体育表演业、体育餐饮业发展；坚持扩展彩民，做强做大体育彩票业。与此同时，依托群众体育与竞技体育，在部分省市区已尝试的体育旅游雏形基础上，制度体育旅游开发规划，设计与开发体育旅游产品，为进一步发展体育旅游业打好基础。

第六章 构建我国西部地区体育事业发展模式的理论基础与理论创新

第一节 构建我国西部地区体育事业发展模式的经济学理论辨析

一 支撑构建我国西部地区体育事业发展模式的经济学理论释义

（一）平衡发展理论与不平衡发展理论

1. 平衡发展理论

平衡发展理论最早由努尔克塞提出，其主要观点为各产业以等同增长率按比例发展，主张区域间或区域内均衡部署各生产要素并基本保持同步发展来实现区域和产业经济的协调发展①。这种理论的出发点是通过产业的协调发展来缩短地区间的发展差距，强调了主观愿望，却忽略了区域间或区域内在经济发展过程中普遍存在良莠不齐的不平衡性。该理论适用于区域经济达到一定的阶段和水平的地区或在较小的地区采用。

2. 不平衡发展理论

不平衡发展理论是美国经济学家艾尔伯特·赫希曼在 1958 年提出的。他认可社会经济增长过程不平衡的观点。其理论核心是关联效应原理。该理论认为某一产业通过自身的扩张和优先增长，能带动与其附属相关、连带产业的发展，从而实现总体经济的增长。其理论优势在于遵循了经济发展规律，突出了重点区域与重点产业，其缺点是忽视了地区间、产业间的协调发展，并造成彼此经济差距拉大。其理论意义在于在此基础上形成了一些新的区域经济发展理论②。

---

① 吴殿廷：《区域经济学》，科学出版社 2003 年版，第 181—182 页。
② 梁吉义：《区域经济通论》，科学出版社 2009 年版，第 49 页。

（二）增长极理论

增长极理论最早由法国经济学家佩鲁在 20 世纪 50 年代提出。其主要观点是区域经济的发展依靠区位条件较好的少数地区和少数产业带动，形成增长极，通过极化和扩散效应来带动区域经济的整体增长①。该理论实际应用与操作性较强，但忽略了极化效应所产生的增长极与周围地区的贫富差距，影响和制约了周围地区和其他产业的发展。

（三）点轴发展理论

沃尔·松世特等在 20 世纪 50 年代提出了生产轴理论，后来波兰的萨伦巴和马利士将增长极理论和生产轴理论结合形成了点轴发展理论。其理论认为增长极作为一个点及各点相连，形成经济发展轴线，提高和改善区位条件和环境。通过各生产要素在各"点"上聚集，带动轴线区域经济发展。其观点认为点轴开发的推动作用大于单程的增长极作用，更有利于区域经济的协调发展②。

（四）梯度发展理论

梯度发展理论的基础源于美国经济学家弗农提出的"产品循环说"，即工业生产生命周期阶段理论。后经威尔斯和赫希哲等经济学家的验证补充和发展，产生了区域经济发展梯度发展理论。该理论认为，区域经济的发展随着时间的推移，作为主导产业和部门的高梯度区域通过多层次城市系统有次序地向低梯度地区转移，进而推动区域经济发展。梯度发展理论符合经济发展一般规律，适用性强，便于实践，并能取得良好效果。经过实践发展，在此基础上又相继提出了"反梯度发展理论"，即"低梯度地区向高梯度地区发展理论"③。

（五）网络开发理论

网络开发理论是点轴发展理论发展的延伸。该理论认为，在经济发展到一定程度后，区域内的增长极节点和增长极节点周边地区的域面通过生产要素的流动组成经济发展网络，在更大的区域空间范围内，进行生产要素合理配置和优化组合，促进更大区域的经济发展。该理论能够推进区域

---

① 武友德、潘玉君：《区域经济学导论》，中国社会科学出版社 2004 年版，第 156—157 页。

② 梁吉义：《区域经济通论》，科学出版社 2009 年版，第 52—53 页。

③ 同上书，第 51—52 页。

内经济一体化，有利于缩小经济发展差别，促进区域经济协调发展①。

二　我国西部地区竞技体育事业发展模式与经济学理论支撑辨析

区域经济学中关于区域经济发展的经典理论有"增长极理论""梯度发展理论""点轴发展理论"3 个著名的理论。后两个理论是在增长极理论基础上逐渐推论与实践出的区域经济发展理论。上述 3 个理论各有各的侧重点及优缺点。所以，我们在选择西部地区竞技体育发展模式时必须结合西部地区竞技体育水平现状给予恰当的评价与综合考虑，找到适合西部地区竞技体育水平提高与发展的模式，实现体育竞技体育水平提高效益最大化的支撑理论。

（一）增长极理论是西部地区整体竞技体育水平提高与发展的基础理论

"增长极"对所在区域具有极化效应和扩散效应两种作用机制。极化效应指增长极利用优越的发展条件，快速和大量吸纳区域资源要素和经济活动主体，促进自身经济能量积累的过程。极化作用的结果是增长极与周围腹地形成经济势差，诱发和促使这些资源要素、项目企业向增长极移动。极化效应是增长极形成的基本标志，它的发展会扩大增长极与周边地区的发展差距。过度的极化将会导致外部经济规模受限制，区域宏观发展条件恶化，并进而损害内部经济。扩散效应是指各资源要素和经济活动主体由增长极向外围地区扩散并由此带动腹地经济发展的过程。扩散的作用结果加快了经济腹地的发展速度，缩小了地区发展差距，带动大范围区域经济的增长，促进区域均衡协调发展。

国内体育学者在 2000 年年初开始结合"增长极理论"研究我国部分省市区的竞技体育发展战略。大部分的研究成果片面夸大了扩散效应，忽略了极化效应对周围地区的不利影响。西部地区共有 12 个省市区，就单一的某个省份（市区）而言，在其内部积聚竞技体育各方面的优势资源，确定增长极，通过发展来带动本省竞技水平的整体提高，为本省争得荣誉、扩大影响，运用增长极理论是可行的。再以四川为例，四川被西藏、青海、甘肃、陕西、重庆、贵州、云南 7 个省市区所环绕。通过前面的分析可知，四川是西部地区的竞技体育大省和强省，如果把周围 7 个省市区

①　吴殿廷：《区域经济学》，科学出版社 2003 年版，第 185 页。

的各种竞技体育优势资源聚集在其内,这在现有行政区域划分、现行管理体制下是不可能的,也是行不通的,现有的运动员交流体制从根本上解决不了问题,假使成立,由四川产生的扩散效应与扩散效果如何也很值得商榷。由此可见,增长极理论的运用并不适合整个西部地区。但为了西部地区竞技体育水平的整体提高与协调发展,可以把其作为最基本、最基础的理论加以应用。

(二)梯度发展理论是西部地区整体竞技体育水平提高与发展可应用的理论

根据前面划分的西部地区竞技体育水平集团与所处地域分布研究结果,结合梯度发展理论,第一集团的四川是竞技体育发展的一级梯度区域,位于西部地区的腹地,是竞技体育发展的重要中心区域,具备中心极扩散的一切条件;第二集团中的内蒙古、陕西、广西、云南四省则形成二级梯度区域,在地理位置上呈反"L"形分布;第三集团中的新疆、甘肃、贵州则形成三级梯度区域,在地理位置呈"一"字形分布;第四集团中的重庆、宁夏、青海、西藏四省市区是西部地区竞技体育水平较低的省

图6—1 西部地区竞技体育发展的不同梯度空间

市区，形成了四级梯度区域，在地理位置上也呈现"一"字形分布。根据西部地区省市区的地理位置与各省市区相邻情况，我们可以提出梯度推移的理论假设：即一级梯度区域的四川可以向邻近的西藏、青海、甘肃、陕西、重庆、贵州、云南7个省市区推移；二级梯度区内的内蒙古可以向邻近的甘肃与宁夏推移，陕西也可以向宁夏、甘肃、重庆等省市区推移，云南和广西可以向贵州推移，其中云南也可向西藏推移；三级梯度区域中的新疆可以向四级梯度地区的西藏和青海推移，甘肃可以向青海和宁夏推移（见图6—1）。

综上所述，根据区域经济学梯度发展理论，我们可以根据具体情况，依托优势梯度区域向邻近的弱势梯度区域进行交叉的梯度推移，以达到共同提高整个西部地区竞技体育水平的战略目标。因此，区域经济学梯度发展理论相对比较适合并应用于西部地区的竞技体育事业，但是，在运用梯度发展理论时必须重视梯度推移所带来的梯度区域极化的严重后果并进行严格掌控，以避免出现严重的区域竞技体育水平两极分化局面。

（三）点轴发展理论是西部地区整体竞技体育水平协调均衡发展的重要理论依据

就目前而言，西部地区11个省市区的省会城市和1个直辖市就是竞技体育事业发展的12个增长点，每个增长点的下面都有纵向的地市级城市分点。每个增长点的横向连接，可以是竞技体育水平的强强连接，如四川与陕西连接；可以是强弱连接，如四川与青海连接；也可以是弱弱连接，如西藏与青海的连接等。无论如何连接，都会在各增长点内部纵向上产生极化与扩散效应，同时不同的增长点连接形成轴线，在轴线区域内部可以通过高梯度地区向低梯度地区推移，以达到各增长点及各增长分点的横向与纵向的共同提高目的，进而实现整个西部地区竞技体育水平协调均衡发展的战略目标。

西部地区竞技体育事业发展运用点轴发展理论的优点是：首先通过重点轴线如省市区区间的设计开发和渐进扩散形式，弥补梯度推移的平面板块式递进方式的不足，真正发挥西部地区内相对竞技体育大省和强省的优势。其次是"点""轴"两要素的结合，在空间结构上，出现由点而轴，由轴而面的格局，呈现出一种立体结构和网格态势，这对于西部地区竞技体育发展所要求的人、财、物等资源的横向流动与横向联系有较大的优越性。此外，它将有利于西部地区竞技体育发展最大限度地实现资源的优化配置,避免资源的不合理流动,同时,有助于消除区域体育管理壁垒,促进西部地区竞技体育事业发展一体化的形成。

综上所述,西部地区竞技体育事业发展水平的提高与发展在理论上,尤其是在借用经济学区域发展理论方面应以区域经济学中的"增长极理论"为基础,实现西部地区单一省份的竞技体育水平的提高。重点依据"点轴发展理论",结合"梯度发展理论",采取互补的应用方式,在西部地区竞技体育发展的不同阶段,交叉组合使用,避免西部地区竞技体育的不均衡发展,使各省市区与整个地区共同提高竞技体育水平,为西部地区各省市区逐渐转变为竞技体育强省和大省,推进与实现体育强国目标下的西部地区竞技体育事业快速发展打下坚实的基础。

三 我国西部地区群众体育事业发展模式与经济学理论支撑辨析

群众体育是一项涉及面广、参与人数众多、投入高的体育工作,其发展水平受社会经济发展水平、人民群众生活条件、人民群众健身意识与愿望等多种因素制约。我国的群众体育事业要发展,国家只能从大局、整体上进行调控与投入,局部的群众体育工作主要还是要依靠各地政府及体育主管部门来完成。我国现有的区域行政管理体制确定了各个区域政府在本地区群众体育工作中的设计者、组织者和实施者的身份与领导地位。目前,西部地区的群众体育都是以省域为中心,由本地区政府及体育主管部门自上而下地开展工作,业已形成单一且独立的管理与组织网络。这种局面具备并比较符合区域经济学中增长极理论的基础与条件。

以增长极理论为核心内容考量西部地区的现实情况,西部地区各省市区现有的行政区域均是以城市为中心、城镇乡为辅的建制进行运转,所有的群众体育工作都是以城市为中心向城郊及乡镇辐射延伸。开展群众体育工作需要的资金、场地、人员配备均是优先考虑城市,所以,西部地区开展群众体育工作所需的一切资源皆储备在城市当中,尤其是地区中心城市极化具有了其他城镇所没有的资源优势,共同呈现了重城市、轻乡村的群众体育工作局面,尽管国家加大了对乡镇农村群众体育工作的投入,但城镇乡村群众体育工作的底子仍然薄弱。现阶段,西部地区通过中心城市向周边城镇扩散已呈现出明显的态势,但极化效应仍大于扩散效应。随着西部大开发战略的实施以及建设体育强国的需要,中心城市所发挥的作用越来越大,吸聚的优势资源也即将达到饱和,人民群众体育健身及体育健身市场发展的需求、相对横向联合、优势资源的外溢和扩散已不受行政的干预与限制，以中心城市带动周边城镇群众体育事业共同协调发展以及扩散效应大于极化效应已成必然。因此，区域经济学中的增长极理论是实现西部地区各省市区群众体育事业由弱省到大省、到强省的重要支撑理论。

　　单纯认定增长极理论是西部地区群众体育事业发展的唯一理论有些片面和武断。西部地区部分省市区如甘肃的"丝绸之路体育健身长廊"、陕西的"关中体育长廊"和"一线三岸"、新疆的"环天山万里体育长廊"、重庆的"两江四岸健身长廊工程"等群众体育品牌健身工程则隐含了区域经济学中的网络开发理论，由此我们引导出可运用网络开发理论来指导西部地区特色化群众体育工作。

　　结合网络开发理论，现阶段的西部地区各省市区以中心城市为中心，按属地行政区划管理业已初步建成市、区（县）、镇、乡纵向的群众体育组织与管理网络，只是市市之间、区县之间、乡镇之间横向联络协作欠缺，没有建立横向的组织协调网络。甘肃的"丝绸之路体育健身长廊"、陕西的"关中体育长廊"和"一线三岸"、新疆的"环天山万里体育长廊"、重庆的"两江四岸健身长廊工程"等群众体育品牌健身工程进行了大胆的尝试与实践，为西部地区群众体育工作的开展树立了典范。因此，区域经济学中的网络开发理论是西部地区群众体育事业发展的优选理论。

　　区域经济学中的梯度发展理论、点轴发展理论等理论对于现阶段的西部地区群众体育工作实际情况来说，不是条件不具备，就是发展阶段不对位，易产生严重的两极分化效果，这与均衡协调发展西部地区群众体育事业的理念相悖。在这里并不是说区域经济学中的梯度发展理论、点轴发展理论等理论在西部地区群众体育发展中完全不可引用，只是在运用中对极化效应应给予必要的、深刻的、全方位的考量，避免出现一头轻、一头重和一面弱、一面强的失衡局面。

四　我国西部地区体育产业发展模式与经济学理论支撑辨析

　　自我国改革开放以来，尤其是在体育领域实行体育职业化改革后，我国体育产业得到了迅猛发展。由于经济条件的限制，体育产业在全国各个地区的发展不是很均衡，但是，体育产业所带来的社会效益与经济效益，正在得到各个地区的各级政府的认同，尤其是体育建筑业、体育彩票业、体育用品制造业、体育用品销售等的快速发展推动了各地区体育事业的发展，对当地的经济建设起到了独特的推动作用。

我国体育产业的快速发展主要是建立在以城市为中心的产业发展模式基础上的，在城市中建有中心城市，形成通过中心城市的产业示范、输出，辐射其他邻近城市的城市点轴模式。按现有的行政管理体制、城市化发展进程，区域经济学中的增长极理论给单一区域的体育事业提供了强有力的理论支撑，因为，我国拥有区域管理、条块管理的中央、地区管理的管理体制。同理，区域经济学中的增长极理论从单纯的意义上讲也同样适用于发展西部地区体育产业且能够提供具有指导意义的理论支撑。

既然中心城市在地区内是政治、经济、文化的中心，吸聚大量的人力、物力以及财力优势资源，它必定在所在地区内发挥着引导、扩散、带动其他城镇发展的作用，因此，我们想到了城市空间分布的"中心地理论"。该理论认为，城市的基本功能是作为其周围区域的服务中心，为其腹地提供中心性商品和服务，如批发与零售、金融、管理、文教娱乐等。由于提供的这些商品和服务具有不同档次，因而城市也因其提供的商品和服务的档次而被划分为若干等级，各城市间构成一个有规则的层次关系，即中心城市与周边城市。通过中心城市的扩散与外延，随着功能区域的扩大逐步涵盖了其周边城市。无论在中心城市还是周边城市，城市的大小、实力、影响力均各有不同，具有不同的优势和弱点。在发达地区内存在欠发达地区和不发达地区，在一些欠发达地区及不发达地区内中也存在优区位地区。因此，我们不能单纯强调中心城市所发挥的强大作用，而是要发挥周边城市的能动作用。优区位开发理论告诉我们，在以城市为增长极的同时，应在中心城市和周边城市中选取最优区位和优区位作为区域开发的重点，通过取长补短开发建设，实现本区域高效的经济增长，从而带动周围地区的发展。

第二节　我国西部地区体育事业发展模式构建

一　我国西部地区竞技体育事业发展模式

根据西部地区实施西部大开发以来参加的 2004 年和 2008 年两届奥运会和 2001 年、2005 年、2009 年三届全运会取得的成绩，综合分析所获奖牌的地域分布、优势项目的地域分布、水平集团的内部划分、在全国的地位、现有规划的实施结果、战略发展研究、后备人才的储备、地区经济发展及对竞技体育的资金投入、自然与地理位置可知，目前西部地区竞技体育表现出"东强西弱"的局面。我们考虑到西部地区各省市区竞技体育水平的差距，采取自东向西梯度推进，竞技体育大省与弱省点轴交叉联合、逐步发展来提高整个西部地区竞技体育水平的战略发展模式。依托各省会城市，建立以"重庆—四川—西藏"为点和轴线的主轴线，"内蒙古—甘肃—新疆""陕西—宁夏—青海"和"广西—云南—西藏"为辅轴线的 4 个西部地区横轴，以"陕西—重庆—贵州"为纵轴的"四横一纵"战略开发与发展模式，促进和提高西部地区竞技体育事业的发展（见图6—2）。

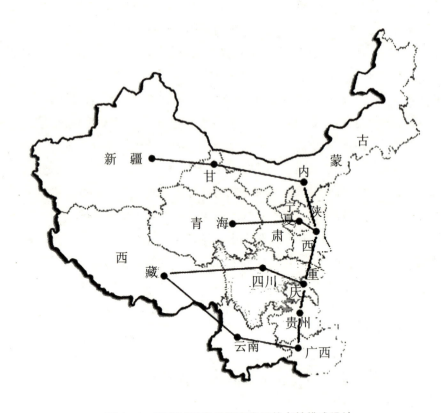

图6—2 西部地区竞技体育发展的点轴模式设计

二 我国西部地区群众体育事业发展模式

既然群众体育的发展关系到民族的强盛与国民整体体质的提高，那么国家、各省市区就应发挥举国体制优势，举全省（市、区）之力共同提高与发展本地区的群众体育事业。现阶段，全国各省市区在继续发展和保持竞技体育水平的同时，要力争保证竞技体育与群众体育协调发展，有的省市区可根据实际情况把群众体育发展作为首要的任务来抓，因为，群众体育是我国体育事业发展的基石。

西部地区自改革开放以来，尤其是实施西部大开发战略以来，各省市区政府逐年加大对群众体育事业的资金投入。群众体育事业也逐步走向正轨，人民群众受益面也正在拓宽并向更深的方向发展。西部地区群众体育事业的发展应在目前各省市区群众体育工作各级管理部门网络的基础上，强化网络建设，进一步拓宽职能，发挥资源优势，实行本省内部的市、区、镇乡自上而下的人员、资金、信息、活动的全面交流与协调，同时还要建立相邻市、区、镇乡之间的横向交流体制，相互借鉴、相互学习、相互依靠，广泛创建以相邻城市、城乡为节点，节点相互连接的局部空间网络。在本省市区内部，继续扩建各类体育社团组织来补充与完善市、区、

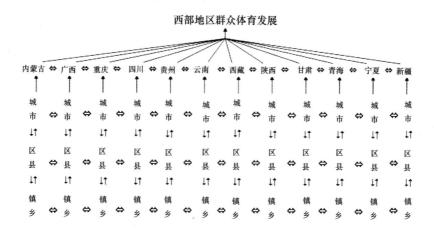

图6—3 西部地区群众体育事业发展的网络开发模式

镇乡开展群众体育工作的节点与网络，并要求在体育社团组织间进行各类、各层的横向交流。由于西部地区地域广博，省市区众多，城镇间距

远，群众体育工作开展各具特色，因此省市区之间的群众体育工作相互交流，取长补短就显得十分必要。提高整个西部地区群众体育水平，应放眼于宏观的大网络建设。即以省市区尤其是省会城市为母节点，以各省市区内市、区、镇乡为子节点建立西部地区群众体育纵向的，以相邻省份间、城市间、各层级管理部门间、各类体育社团与人员间的交流建立西部地区群众体育横向的交叉大网络来推动整个西部地区群众体育事业发展，展现多方受益、合作双赢、共同提高的群众体育事业发展水平新局面（见图6—3）。

三　我国西部地区体育产业发展模式

我国的经济发展主要是建立在以城市为中心的产业发展模式基础上，在城市中建有中心城市，形成通过中心城市的产业示范、输出，辐射其他邻近城市的城市点轴模式。从竞技体育事业与群众体育事业发展的布局与走向上看，政府对体育建筑业投入的布局、体育彩票发行的量变、体育制造与销售等产业，都从不同的方面证明了我国整体体育事业的发展以及体育产业的发展是建立在城市基础之上的。

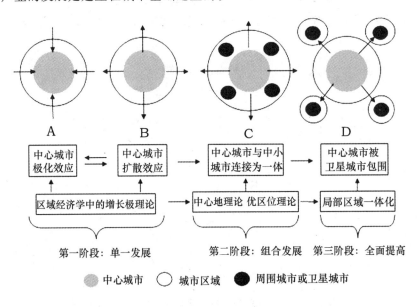

图6—4　西部地区单一省份体育产业城市化渐变模型

现阶段，西部地区各省市区体育产业已形成从初始阶段的城镇散射发展到今天的以城市为主体的，依托中心城市影响的城市及城市内城镇体育产业的发展模式。目前西部地区的省会城市在西部地区体育产业发展的过程中发挥的作用越来越大，基本上能够决定和影响其周边地区体育产业发展的走向。因此，在一段时期内，西部地区的体育产业发展模式仍将以中心城市体育产业发展模式为主。同时，通过时间积累与空间的扩展，在中心城市与周围城市连接为一体的基础上，中心城市与中心城市的连接，不同省市区联合运营的区域化乃至区域一体化将逐步成为西部地区体育产业发展的主要模式。具体表现为省省、省市、市市、市区、乡镇的相互并联，从而共同推进西部地区体育产业经济向更深、更远的地区发展，进而实现扩大的西部地区体育产业板块区域的目标（见图6—4）。

第三节　我国西部地区体育事业发展模式构建的社会人文条件

一　我国经济理论研究实践为我国西部地区体育事业发展模式构建提供佐证

我国学者陈栋生等人在1993年出版的《区域经济学》一书中阐述区域增长是一个渐进的过程，可以分为待开发、成长、成熟、衰退4个阶段。从中我们得到了启示，即以相对成熟区域带动正在成长和待开发区域，成长区域带动待开发区域的一种区域发展模式。这种模式的思考结果符合竞技体育发展的规律与西部地区体育事业现实发展的需要，同时也为西部地区体育事业发展模式提供了佐证。

在改革之初，我国制定并实施了以"梯度发展理论""点轴发展理论"为基础的优先发展东部沿海地区战略，进而带动我国中部地区及西部地区的进一步发展。此战略的实施确实优先发展了我国东部沿海地区的经济，但也造成了东部地区与中西部地区经济发展水平差距进一步拉大的局面。为了缩小东中西部的经济差距，保证全国经济整体协调发展，在21世纪伊始，我国政府承认了各地区经济发展的不均衡性，考虑现实经济发展中所遇到的问题，进一步挖掘经济薄弱地区的潜力，为达到共同发展的目的，提出了三大区域经济发展国家战略，即实施西部大开发战略、振兴东北老工业基地战略、促进中部崛起战略。三大区域战略的提出，弥补了先前发展战略的不足，出台了国家新经济政策，突出重点地区增长极的带动与示范作用，从根本上解决了区域间经济发展不均衡的问题，形成了齐头并进、共同发展的良好局面。同理，在西部地区，西藏、青海和宁夏的体育事业发展水平，是国内体育事业发展水平最薄弱的地区之一。因此，需要在制定西部地区体育事业发展战略时给予特殊的考虑与扶持。

二　西部地区体育事业发展模式的战略发展空间

（一）时间的保证与政策的支持

2006 年 12 月，国务院常务会议审议并原则通过《西部大开发"十一五"规划》。规划按 50 年设计实施，并进一步明确重点区域和重点产业的发展要达到新水平，教育、卫生等基本公共服务均等化要取得新成效。体育作为社会文化范畴的一部分，在国家实施的奥运争光计划和全民健身计划中发挥着独特的作用。同时根据规划的要求，西部地区各省市区政府先后出台了本地区的体育事业发展规划，为西部地区体育事业的发展提供了有力的政策支持。通过长时间的建设与努力，西部地区在一段时间后，各项体育事业一定能够实现腾飞。

（二）西部地区社会发展与体育资源的支撑

目前，西部地区的大部分省市区体育事业的发展处于崛起与成长阶段，具有广阔的上升空间及雄厚的体育资源基础。

1. 经济条件

西部大开发战略的实施，已取得了明显的社会发展效果，这为西部地区体育事业的发展与提高提供了机遇。国民生产总值的连年攀升，同时也为西部地区体育事业的发展提供了强大动力与物质保障。截至 2009 年年末，西部地区对体育事业的总体投入占西部地区国民生产总值的 0.067%，即使保持现有投入比例不变，按西部地区近 10 年每年平均 14% 的经济增长率计算，对西部地区体育事业的发展也是极大的投入。

2. 体育人才

西部地区体育事业的腾飞与发展关键在于优秀的体育人才。现阶段西部地区的体育人才储备还比较薄弱，尽管造成这个局面的原因是多方面的，但西部地区拥有近 4 亿人口，且人口会逐年增加，通过西部地区内部的自身调整、资源调整、优化配置，提供相关特殊政策，都将为西部地区体育事业的发展构建一个广博、雄厚的基础。另外，随着生活条件与基础设施、体育场馆设施的配套与完善，全国与世界范围内的优秀体育人才也逐步向西部地区流动，再加上西部地区自身所具有的优势，对促进西部地区体育事业的发展形成了一个强有力的人力资源优势。

3. 项目与比赛

为展示新西部，进一步检验西部地区体育事业的发展状况以及西部地区欣赏国际和国内高水平比赛需求的增加，西部地区在以成都、重庆、西安等主要省会城市正在形成一个承办高水平赛事的区域中心。作为东道主，西部地区的优秀运动员将会得到得天独厚的锻炼机会。随着西部地区和国家实力的进一步增强，参与以及承办的高水平比赛将会更多，这也为西部地区搭建了更多的竞技体育展示平台。根据前面的分析结果，从整体上看西部地区在保持与巩固奥运会获得奖牌的 14 个传统优势项目和突出优势项目、全运会获得金牌的 22 个优势项目的同时，另外还有 30—31 个具有夺得全运会金牌、银牌、铜牌的潜在优势项目。这些潜在的优势以及现有的优势，都将为西部地区竞技体育的发展打下了蓄势勃发的坚实基础。

4. 区域空间

西部地区目前有 12 个省市区，按行政地域划分，每一个省市区在体育人才培养、经济投入、体育事业发展水平等方面都具有很大的上升空间。从区域经济学的角度看，单一的西部地区省会城市（区府、直辖市）均会在体育事业的发展期与成熟期内产生极化效应。单一省份内的经济资源、人力资源、物力资源都会向省会城市（区府、直辖市）聚集，造成体育事业发展水平局部提高的局面。通过协调、交流、强强联合、强弱联合，均会在本省域内部及省市区间产生扩散、提升效力，进而全面提升西部地区体育事业的整体水平，从而使四川、陕西短时间内成为国内的体育强省，通过长时间的努力使广西、云南、内蒙古三省区成为国内的体育大省，使贵州、重庆、新疆、甘肃、西藏、青海、宁夏等省市区中的一部分省市在国内的体育事业发展水平综合排名上有较大幅度的提升。

第七章 体育强国目标的诠释与我国西部地区体育事业发展战略

第一节 强国的释义与我国体育强国目标的提出

一 强国的释义与延展

"强国"在百度词典中的解释是"在国际关系中起着决定性作用的国家，它具有巨大的政治影响，拥有巨大的资源和军事力量"。

"强国"在百度百科释义中的字面解释一是强大的国家，二是让国家繁荣强盛起来。

就国家而言，国家实力的大小与强弱一般体现在政治、军事、经济、文化、科技、贸易等方面，在国际社会重大事件中产生的向心力、号召力及影响力。因此，我们在评价国家实力的时候经常会用"经济强国""军事强国""科技强国"等词汇进行概括性评价。同时，我们也注意到有时会常用"大国"一词评价某一国家在社会某一领域的实力与水平，比如"经济大国""军事大国""科技大国""贸易大国"等。

"大国"与"强国"既有区别，又有联系。"大"一般指规模或数量的大小，"强"一般指质量或实力的高低。二者能够直接体现出发展水平与发展层次的差距，同时，二者随着时间的推移也可以相互转化，既可由"大"变"强"，又可由"强"变"大"，由"大"变"小"、变"弱"。

二 我国提出体育大国及体育强国目标的不同社会时代背景

1983年9月，在我国第五届上海全运会上，时任国际奥委会主席的萨马兰奇在与我国国家领导人会谈时说："中国已是一个体育大国。"这是"体育大国"一词首次在我国官方媒体上被提及。

1985 年，刘德佩教授在《依社会学观点看我国竞技体育发展的战略问题》一文中指出："在短短的 30 年时间里，我们把从来名落孙山的体育小国变成为世界瞩目的奥运会一举夺得 15 枚金牌的体育大国。"

1995 年，《中国体育科技》刊登《迈向体育大国——1994 年中国体坛回顾》一文，文章中发出了"我们看见祖国体育正在逐渐成熟，体育大国初现曙光"的感慨。

2006 年，《中国体育科技》刊登《从体育大国到体育强国的嬗变》一文，文章指出："伴随着我国改革开放和经济实力的迅速提升，我国体育健儿连续在几届奥运会上取得优异成绩，可以说，我国已成为竞技体育大国"。

三　我国体育强国目标的确立与演进回顾

1980 年，全国体育工作会议在总结新中国成立以来体育工作成绩时，提出了"为使我国进入世界体育强国行列而奋斗"的目标。

1983 年 2 月，在原国家体委报送国务院的《关于进一步开创体育新局面的请示》这一报告中，第一次提出要在 20 世纪末"把我国建设成为体育强国之一"的目标。同年 10 月 5 日，中共中央在下发的《关于进一步发展体育运动的通知》中，明确了"我国现已踏上了建设体育强国的新里程"。10 月 28 日，国务院下发通知，批转和同意了国家体委的《关于进一步开创体育新局面的请示》。在《关于进一步开创体育新局面的请示》中除提出"体育强国"目标外，还提出了与此相关的涉及体育人口、国民体质、竞技体育成绩、国际先进场地设施、人员素质、科学研究等内容的多项指标，"体育强国"的含义较之前有所扩大。

1985 年，原国家体委在全国体育发展战略研讨会上，将"实现体育强国的战略目标"列入我国体育发展规划，此举标志着我国建设体育强国目标的正式确立。同时，与会代表就"体育强国与体育大国"的含义增加了体育人口超总人口半数、人均体育经费名列前茅、关注大众体育和学校体育发展水平以及满足国际比赛和人民群众锻炼健身需要的体育场馆等多个论点。

在 2000 年悉尼奥运会上，我国体育健儿取得了 28 枚金牌的优异成绩，竞技体育发展水平与实力位居世界第三。为此，有的学者认为我国已成为体育强国，但原国家体委领导不同意此种观点，并多次表示"目前不宜提体育强国"。随后，在官方的系列表态中，对体育强国加以限定，改为用"竞技体育强国"进行表述。这种表述现在来看比较切实客观，清醒地意识到我国体育事业发展与体育发达国家还存在较大的差距。

2008年9月29日，胡锦涛同志在2008年北京奥运会、残奥会总结表彰大会讲话中明确提出了"推动我国由体育大国向体育强国迈进"的奋斗目标。由此可以看出，我国体育事业的发展虽然在竞技体育事业上实现了体育强国目标，但在群众体育事业、体育产业发展上不能称为体育强国。因此，综合我国体育事业发展的因素与水平，我国现在不是整体上的体育强国的定位是比较准确的。

四　现阶段我国提出实现体育强国目标的社会时代背景

（一）实现体育强国目标服务于国家总体发展战略

我国在提出"推动我国由体育大国向体育强国迈进"奋斗目标之前，党的十二大明确提出"实现四个现代化"国家发展任务，同时把实现小康作为二十世纪末的奋斗目标。党的十八大再次明确：确保到2020年实现全面建成小康社会的宏伟目标。小康社会宏伟目标的实现意味着我国将国强民富，彻底提高人民群众生活质量，并着力保障和满足民生诉求。体育作为富强国家和强身健体的一种社会活动手段，将在全面建成小康社会宏伟目标中起着特殊的作用。所以，我国体育强国目标的实现必须为全面建成小康社会宏伟目标服务，满足小康社会的社会发展需要。小康社会目标实现后，我国体育事业的发展如何与小康社会相匹配，体育强国到底具备哪些条件，发展到什么程度，都要站在国家总体发展战略高度进行战略性的思考与设计。

（二）实现体育强国目标是我国体育事业发展的现实需要

"体育"自身先天就具有"竞争"属性。既然有竞争，就要有竞争的结果，就要分出高低、强弱。我国体育事业是人民的体育事业，体育事业对于人民群众就是强身健体，对于社会发展就是社会文明、社会文化发展水平的量尺，对于国家就是整体国民素质、经济实力、科技水平的国家实力的体现。2008年北京奥运会的成功举办，再次将我国体育事业的发展推向了一个前所未有的新高度，在机遇与挑战并存的新起点上，我国体育事业发展应清醒地认识到国家需要，人民群众的迫切需求及现实中突出的社会发展矛盾与不足，如何以民为本，提高国民身体素质，统筹兼顾，协调竞技体育事业发展、群众体育事业发展、体育产业发展，整体提高我国体育强国实力并实现体育强国目标是我国体育事业发展的根本任务。

（三）实现体育强国目标是我国经济社会发展的必然要求

新中国成立以来，我国体育事业在计划经济向市场经济的转变过程中始终坚持一成不变的"举国体制"，使我国体育事业发展经历了从贫瘠逐渐走向辉煌的发展历程。改革开放使国家的经济实力有了一个质的飞跃，同时，也给我国体育事业的发展提供了强大的经济力量支撑。经济力量的强力注入，势必要求我国各项体育事业的发展产生溢出效应，要求反馈出国际影响、民生改善等社会价值与社会效益。具体来说，就是国家的巨大经济投入，要反映出竞技体育在国际大赛上争金夺银，群众体育在体育设施、体育人口、国民体质、健身强体活动内容与方式等众多方面有根本性的改变与质的提高，体育产业发展必须满足人民群众的需要，为国家经济建设做贡献等效果。光投入，不产出，不结果，是违背经济发展规律及与我国经济社会发展相背离的伪命题。

（四）实现体育强国目标是我国建设文化强国的历史必然

2011 年 10 月 25 日，党的十七届六中全会通过了《中共中央关于深化文化体制改革　推动社会主义文化大发展大繁荣若干重大问题的决定》（以下简称《决定》）。《决定》提出，要坚持社会主义先进文化前进方向，以科学发展为主题，以建设社会主义核心价值体系为根本任务，以满足人民精神文化需求为出发点和落脚点，以改革创新为动力，发展面向现代化、面向世界、面向未来的，民族的科学的大众的社会主义文化，培养高度的文化自觉和文化自信，提高全民族文明素质，增强国家文化软实力，弘扬中华文化，努力建设社会主义文化强国。

我国有 5000 余年的文明史，具有辉煌灿烂的悠久历史文化。当今不少体育项目的雏形就产生在中国。我国体育文化建设是我国建设文化强国的一个重要组成部分。我国体育文化建设必须坚持以民为本，为中国特色社会主义建设服务。坚持贴近群众、贴近实际原则，建成一个具有民族性、科学性的，既能够满足世界发展需要，又能与国内社会发展相适应的、持久的、特色的社会主义体育文化。

从实现体育强国目标到建设特色社会主义体育文化，再到建设文化强国，体现了我国社会发展与国民体质发展、物质文明发展与精神文明发展、追求财富创造与文化自觉和自信的一致性。实现体育强国目标可见是增强广大人民群众的实际体育拥有能力，及从物质性拥有到物质向精神层面的自觉贯通，展示了我国从一个体育大国向体育强国实践推进的历史轨迹以及逻辑深化过程，彰显了广大人民群众创造体育历史的高度自觉与自信品质。

第二节　体育强国与我国西部地区体育事业发展战略的战略关系

一　体育强国的定义与概念

体育强国通常理解为与其他国家的体育发展实力相比较而得出的既相对宽泛又相对狭窄的定性化评价。鉴于"强国"一词在词典中的解释及字面上的解释，体育强国可以延伸理解为"在国际体育事务中处于较强地位且能起决定性作用、有巨大影响力、拥有巨大体育资源和庞大社会力量支撑体育的国家"；也可以理解为"依据现阶段国家体育发展情况，使国家体育繁荣强盛起来，成为一个强大的国家"。具体可释义为：建立以竞技体育的国际竞争实力，群众体育发展水平、体育产业社会化发展程度为主的，以体育科技、体育教育、体育法制、体育文化等为辅的评价标准，并依此标准构建具有国际体育影响力的体育强国具体内容与实施过程。在竞技体育、群众体育、体育产业、体育科技、体育教育、体育法制、体育文化等实施体育强国目标的关键节点或领域上，我们要考量国家经济实力与人民群众的真正需求，不能要求在全部的关键节点或领域都达到世界领先，因为这不现实，也不客观。我们按照实现体育强国目标的要求所能做到的是，在现有体育事业发展的基础上，力求在多个部分关键节点或领域上协调发展，主次同时发展进步，达到世界公认的较高水平。

二　体育强国目标内涵

2008 年北京奥运会我国体育健儿取得的好成绩，把我国竞技体育水平提到了前所未有的高度。我国竞技体育强国和大国的地位已得到世界公认，但在我国体育文化建设背景下的群众体育、体育产业、体育科技、体育教育、体育法制等领域还处于发展中国家水平，与发达国家体育相关领域相比还是有差距的。只有通过提高群众体育、体育产业、体育科技、体育教育、体育法制等领域的发展水平，才能提升国家体育整体实力、影响力，这是实现体育强国目标的关键所在。

（一）全面提升竞技体育国际竞争力

2008 年北京奥运会使我国成为夏季奥运会的金牌大国，但我们也应清醒地认识到冬季奥运会我国所获奖牌较少的尴尬。在夏季奥运会上拥有100 枚金牌的田径、游泳、拳击三大项目上，我们还是比较落后的。另外在世界四大体育职业赛事上、在新兴体育极限运动上，我们也十分被动，这可以说是我们的一种缺憾。所以，一个竞技体育强国在评价的标准上还必须增加世界其他重要赛事，要在保持我国竞技体育特点和优势的基础上，不断挖掘潜力，优化结构，推动竞技体育项目水平均衡发展，增强我国竞技体育的综合实力和国际竞争力。

（二）快速发展群众体育水平

群众体育事业是我国体育事业的重要组成部分，群众体育事业的发展水平是体育发展水平的一个重要标志。当前，我国群众体育事业的发展仍然存在整体体育人口不多，人均占有体育场馆数、人均体育活动面积、人均群众体育经费等硬性指标与发达国家的群众体育有显著差距，国民体质综合指数明显低于发达国家，人均消费能力与人口预期寿命相对偏低等很多问题。国家连续颁布的国民体质监测报告表明，我国大中小学生的体质健康水平下滑明显。青少年是国家与民族的希望，是未来国家与社会的建设者，少年强则中国强的道理大家都清楚，但现实中青少年的体质状况却让人担忧和失望。因此，群众体育的发展是实现体育强国的重要基础，更是提高全民族身体素质及健康水平的根本。民强则国强，才是实现体育强国目标的根本途径。

（三）推进体育产业社会化发展程度

体育产业属于第三产业中的第三个层面，它是促进经济增长与就业的朝阳产业。改革开放以来，我国体育产业的发展为体育事业的发展做出了一定的贡献。但我们要清醒地看到，我国的体育产业市场抵御市场风险能力、本国产品的市场占有率等均较低，体育产业结构相对简单，主体产业的优势不是很明显，体育产业国民生产总值至今未超过全国国民生产总值的 1%。由此更可以看到，我国国民消费能力、国民生活质量还未尽如人意，影响了体育产业的发展，说明了我国体育产业社会化发展仍处于初始阶段。我国体育产业社会化发展受国民经济、人民群众健身意识与行为、体育文化与氛围营造等因素的影响和制约。

体育产业作为衡量体育强国的一项主要指标，承载着推进和反哺体育事业发展的重任。我国地大物博、人口众多，这为体育产业的发展提供了广阔空间。2020 年实现小康社会的号召给我国体育产业的发展提供了良好机遇。只有调整和升级体育产业结构，从单一到多组，从劳动密集型向技术出口型转变，积极打造具有国际竞争力的体育产业，才能在世界体育产业竞争中立于不败之地，成为实现体育强国目标的推进剂和加速剂。

（四）凝冻体育文化凝聚力与提高体育文化传播力

20 世纪五六十年代，少数听众围着收音机收听体育比赛现场解说；20 世纪 80 年代，多数群众围着电视机观看体育现场比赛；世纪之交之时，人民群众借助网络实时收看体育现场比赛；2008 年北京奥运会人民群众到现场观看体育比赛，都反映出人民群众关注体育的热情，折射出体育文化的魅力。而全国人民由衷地喊出"向女排学习"并自发上街游行庆祝中国男足闯入世界杯等行为，则反映出了体育文化强大的凝聚力。随着我国体育健儿在世界大赛上摘金夺银，国内人民群众也掀起一波又一波的体育文化浪潮。

我国自古就有优秀的体育文化传统，虽然当今全球体育文化的主流是西方体育文化，但我国的现代体育文化特点鲜明，体现了我国社会发展的时代特征。我国古代的儒家思想、做事推崇的"天时、地利、人和"以及"天人合一"的文化传统孕育了 5000 年中华文明，其凝聚与传播力最终体现在"中华一统"上。文化的传承，使我们民族仍屹立在世界的东方。

体育强国必须拥有繁荣昌盛的体育文化，只有体育文化的传承，才能延伸和积聚体育强国的精神底蕴。优秀体育文化的凝聚与传播能永葆体育强国之风，使体育强国屹立不倒。体育文化强国在世界体育文化的舞台上更具地位与话语权，更能展示强大的文化价值。

三　区域与战略等几个关键词的释义

"地区"通常指较大的地理区域范围，包括地理区域和行政地理区域两种范畴。传统地理区域方面，指较大的区域范围。行政地理区域意义方面，包括特殊政治区和行政区。我国西部地区包括重庆、四川、贵州、云南、广西、陕西、甘肃、青海、宁夏、西藏、新疆、内蒙古 12 个省、市和自治区。

"区域"解释为土地的界划、范围，泛指地区区域自治。

"战略"通常解释为实现具体目标的谋略，或指导实现全局目标的计划和策略，或在一定历史时期指导全局的方略。

"战略"特性主要表现在全局性、方向性、预见性、谋略性。

"战略"构成要素主要有战略目的、战略方针、战略任务、战略资源、战略措施等。

"战略"研究需要解决以下几个问题：对国内外形势的估量和对实现目的的政治、经济、地理、科学技术等因素的分析；对实现目的的时机、性质、特点和发展趋势的判断；对战略方针、战略任务、战略方向、战略阶段和主要完成形式的确定；具体目标划分与准备工作；资源的开发、储备和建设；计划和实施；实现目的的平台与组织系统的组建和完善等。

"战略"实施受政治、经济、科学技术、地理、环境等因素制约。

方创琳在《区域发展战略论》一书中对"区域发展"和"区域发展战略"有详细解释：区域发展一般是指在一定时空范围内所进行的以资源开发、产业组织和结构优化为中心的一系列经济社会活动。具有目的性、无限性、可持续性和轮回性等特性。其实质内容包括自然资源和人文资源的双面开发、产业组织与结构优化、空间结构与产业布局三大方面。区域发展战略是根据区域发展优势与条件、进一步发展要求和发展目标对未来一定时空范围内经济和社会发展等方面所做的高层次、全局性的宏观谋划。具有全局性、系统综合性、潜在决策性、长期持久性和层次性等本质特征。

四　体育强国与西部地区体育事业发展战略的战略关系

理解"地区""地域""战略""区域发展战略"等词汇的释义后，我们对"区域体育发展战略"做出界定，即根据区域体育事业发展的优势与条件，设立发展要求和发展目标，在未来一定时空范围为体育事业发展所做的全局性、系统性、长久发展的宏观谋划。

体育强国作为国家体育事业发展的战略目标，是我国体育事业发展工作的指南针，是我们科学规划发展体育事业的始发点，对于促进地方体育事业发展发挥着不可替代的作用。我国地广人多，拥有众多的省市区，其中西部地区12个省市区的体育事业是我国体育事业的重要组成部分，同时也在实现体育强国目标中起着重要作用和占有很重要的地位。西部地区体育事业发展战略是我国实现体育强国战略目标的一个子战略，我们必须清楚体育强国总战略和西部地区体育事业发展子战略之间的关系，才能使两者相互协调，共同奋进发展。

（一）体育强国与西部地区体育发展战略相互依存

从宏观上讲，体育强国必须得强省，省市区体育事业强大则地区体育事业强大。地区体育事业强大是实现体育强国的基础。体育强国离不开省市区体育事业和地区体育事业的强大。省市区及地区体育事业的强大离不开体育强国目标的指引。因此，实现体育强国目标需要不断发展和完善西部地区体育事业，同时，发展西部地区体育事业也需要体育强国目标的指导，西部地区体育事业发展的利益必须服从国家体育强国利益，进而构成体育强国战略与西部地区体育事业发展战略相互依存与支撑的完整的战略体系，两者之间是相互依存、相互支撑的。

（二）体育强国与西部地区体育发展战略相对独立

体育强国战略是国家体育事业发展的宏观战略，西部地区体育事业发展战略是局部的发展战略，两者处于不同层次。所以，两者的战略目标、战略重点、战略布局、实施内容也不尽相同，其内涵也有质的不同。西部地区各省市区体育事业发展战略的发展目标、实现目标途径、措施等可根据自身情况来具体部署，不能把国家体育强国战略复制到西部地区体育事业中来。同样，西部地区体育事业发展战略作为体育强国战略的基础不能替代体育强国战略，相比之下，西部地区体育事业发展战略更为具体、深入。

（三）体育强国与区域体育发展战略相互协调

在体育强国战略和西部地区体育事业发展战略中，宏观战略与微观战略、大战略与小战略之间存在着相互依存、独立的关系。在实现体育强国目标上，两者是一致的，在实施过程中，两者是相互衔接的，具有互补性。国家体育强国战略的制定要考量西部地区体育事业发展战略所面临的具体情况，协调好与西部地区体育事业发展战略的关系。同时，西部地区体育事业发展战略的制定要与国家体育强国战略相吻合，不能偏离国家体育强国战略，要服从国家体育强国战略的需要。因此，国家体育强国战略与西部地区体育事业发展战略之间的协调一致是加快实现体育强国目标、缩短实现体育强国目标进程的关键。

第八章 我国西部地区体育事业发展战略的构建与选择

第一节 我国西部地区体育事业发展战略的生成过程

我国西部地区体育事业发展战略的总体生成思路

我国西部地区体育事业发展战略的构建始于国家社科基金项目"体育强国目标下的区域体育发展战略研究"的整体研究思路。其研究逻辑推导为问题的提出、区域体育现状调查与影响区域体育发展战略的要素、体育强国目标下区域体育发展战略框架构建（见表8—1）。

我国西部地区体育事业发展战略的构建思路也基本遵循了"体育强国目标下的区域体育发展战略研究"的研究逻辑推导思路，确立了我国西部地区体育事业发展战略系统设计、具体调查、具体分析、区位定位、模式创建、战略构建、战略评审等研究思路，其逻辑思考过程为基础与支撑、支撑与推导、支撑与理论和模式。以我国西部地区竞技体育事业发展战略制定为例，具体体现了以下几个方面：一是西部大开发的西部地区竞技体育现状；二是西部地区竞技体育发展与区域经济学理论的筛选与确定；三是西部地区竞技体育发展模式的构建；四是西部地区竞技体育发展战略的研究与制定；五是研究过程中对西部地区竞技体育发展的时间与空间分析与把握（见图8—1）。

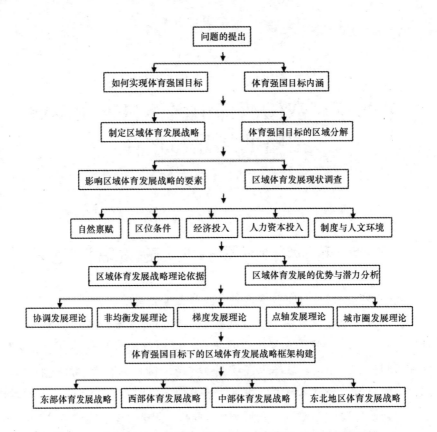

表 8—1　体育强国目标下的区域体育发展战略研究逻辑推导思路

西部大开发的西部
地区竞技体育现状
{
1. 西部地区奥运会、全运会所获奖牌数对比推导内部特征
2. 西部地区竞技体育集团与集团区域划分
3. 西部地区优势项目的地域分布与特点
4. 西部地区自然禀赋、社会发展与投入、竞技体育资源、规划实施与
　　战略研究情况
5. 西部地区竞技体育水平与格局的地域特点
6. 西部地区竞技体育水平在全国的位置
}

　　基础　支撑

西部地区竞技体育发展与区
域经济学理论的筛选与确定
{
1. 三种区域经济学理论与西部地区实际情况的结合分析
2. 以"增长极理论"为基础，确定"点轴发展理论"与"梯度
　　发展理论"的交叉运用
}

　　支撑　推导

西部地区竞
技体育发展
模式的构建
{
1. 西部地区竞技体育发展的"四横一纵"战略模式构建
2. 国家开发战略对西部"四横一纵"战略模式重点理论政策战略的补充构建
3. "四横一纵"战略模式的主要客观条件支撑
}

支撑 体现理论与模式

西部地区竞技体育发展战略的研究与制定 $\begin{cases} 1.\ 指导思想 \\ 2.\ 战略目标 \\ 3.\ 战略重点 \\ 4.\ 战略阶段 \\ 5.\ 战略措施 \end{cases}$

西部地区以时间发展为横轴，分阶段，分重点提高整体竞技体育水平，逐步分批次、批量成为我国的竞技体育大省和强省，为实现我国体育强国目标做好铺垫和打好坚实基础。

图8—1　西部地区竞技体育发展战略研究的构建思路与逻辑推导框架

第二节　我国西部地区体育事业发展战略的基本内容与结构体系

一　我国西部地区体育事业发展战略的基本内容

（一）战略定位

我国西部地区地域广阔，人口众多，少数民族繁多，也是少数民族主要居住地，拥有历史悠久的汉族和少数民族文化和传统。由于历史原因，我国西部地区的经济发展长期处于的停滞状态，人民生活水平不高，各项体育事业位居我国其他地区之后。西部大开发的实施，给西部地区带来前所未有的机遇。在历史上，西部地区是我国的战略大后方，现在西部地区社会、经济、文化百废待兴。体育作为强身健体的一种手段，无疑对西部地区的各项事业的发展与建设起着特殊作用。鉴于我国西部地区体育事业发展的现实性与客观性，我国西部地区体育事业在实现体育强国目标中发挥出继续强力推进，继续服务社会与民众，加快本地区向体育强省与大省转变，缩短与其他地区和省市区体育事业发展的差距，缩短我国实现体育强国目标的进程等作用。

（二）战略优势

1. 特殊政策优势

在国家层面上，国家提出了"西部大开发战略"，这给西部地区的发展提供了良好政策资源，利用特殊政策，西部地区可以好好地进行规划与开发建设。在西部地区内部，12个省市区可以自行制定发展政策，因地制宜，结合具体情况，少走弯路，直接步入快速发展轨道。

2. 区位优势

我国西部地区拥有漫长的边境线，口岸众多，与十余个国家接壤，中国古代的"丝绸之路"贯穿东西，这给东西方交流带来了便利条件。随着西部大开发的实施，体育文化的交流也势必随之增多，国外的先进体育理念与管理方法，我国体育事业发展较好的省市的体育事业发展经验也势必向西部地区聚集。

3. 经济快速发展优势

自西部大开发以来，西部地区国民生产总值以前所未有的发展速度快速增长，其增速远远超过同期其他省市区的增速水平，其经济发展空间巨大，人民群众生活水平提升的空间广阔，人民群众的精神状态饱满，健康长寿与体育健身意识得到了充分提高和体现。国民生产总值的快速增长无疑也为西部地区体育事业的发展提供了持久、高速、高额的经济投入，基本满足了西部地区体育事业发展的资金需求。

4. 资源优势

由于西部地区地广人多，集聚了丰富的人力资源，拥有其他省市区无法比拟的山川河流，物产丰富，这给西部地区的建设与发展提供了坚实人力与物力基础，同时也为体育事业的发展、体育旅游产业的发展带来了广阔的空间。

5. 特色文化优势

我国西部地区自古称"西域"，在历史发展的长河中形成了自己独特的文化。体育从以前狩猎谋生的手段，逐渐演变成具有地域特色的体育文化，其中，少数民族体育传统文化独树一帜，种类繁多，灿烂纷呈，这给西部地区体育事业的发展提供了与众不同的支撑。

（三）战略层次

1. 首要服务

针对实现体育强国的目标，结合我国西部地区整体体育事业发展水平均不如我国中部、东部、东北部地区的实际情况，我国西部地区体育事业发展必须服从于、服务于体育事业发展以及体育强国目标发展需要。对于国家发展战略，只能尽自己最大所能，不拖后腿；对于西部地区只能进一步挖掘潜力，提高人民的生活质量，加快缩短与其他地区的社会、经济发展差距的速度，尤其是体育事业发展的差距的速度，进而更好地服务于实现体育强国目标。

2. 轻重与优先发展

我国体育事业在整体上分为竞技体育事业、群众体育事业、体育产业。在加快实现体育强国目标的进程中，竞技体育事业、群众体育事业、体育产业的发展，面临着孰轻孰重、发展的基础、优先发展、重点发展的战略选择问题。就西部地区而言，鉴于经济发展状况，人均消费水平、体育健身和体育养生等社会发展的人文环境，应优先发展群众体育事业并带动体育产业发展，以发展竞技体育事业为推进动力，提高群众体育事业的发展水平，以发展体育产业所取得的社会效益和经济效益反哺群众体育事业和竞技体育事业的发展。

3. 共同发展与一体化

重点处理我国西部地区的东部、中部以及西部体育事业的发展关系，实现自东部向中部、向西部的带动发展次序，梯次提高的目标。定位发展体育事业的各个中心点、增长极，形成发展体育事业的省市区轴线，分工明确。同时，各中心点、增长极要带动周边省份及城市的体育事业发展，缩短中心点、增长极与周边省份及城市体育事业的发展差距，保持各省市区、各城市体育事业齐头并进的发展态势，实现西部地区体育事业发展一体化。

二　我国西部地区体育事业发展战略的结构体系

（一）层次组合结构——体育强国目标与我国西部地区体育事业发展战略

我国西部地区大开发战略的实施为西部地区各项事业的发展注入了活力，西部地区经济发展的高速状态，无疑为西部地区体育事业的发展提供了更为强大的经济物质支撑。实现体育强国目标作为我国体育事业新时期的发展纲领，适逢西部地区大开发这个国家战略开发阶段，西部地区的体育事业也迎来了战略发展机遇。体育强国目标、西部大开发、发展西部地区体育事业必将与西部地区各项事业的发展相融合、交叉。三者都并存于西部地区大发展这个时代，共同努力、共同建设、共享成果是西部地区发展的最终目的。

（二）地区关系与内容侧重组合体系——我国西部地区内部体育事业发展战略

作为我国最大的一个区域，西部地区事业发展的战略制定既要把西部地区作为一个整体考虑，又要考虑12个省市区的具体情况，还要考量区域的禀赋条件、经济条件、社会发展条件等制约西部地区体育事业发展的因素；既要横向相互对比，又要与全国其他地区进行纵向比较；既要分析优势，又要挖掘潜在的、可持续发展的资源；既要确定发展重点，又要确定先后发展次序；既要有总目标，又要有阶段目标；既要确立发展模式和全方位的部署，又要有切实可行的保障措施。只有定位准确、显现优势、清楚潜力、思想清晰、目标明确、分工明确、层次分明、模式适合、措施得当，我国西部地区体育事业才能步入高速发展轨道（见图8—2）。

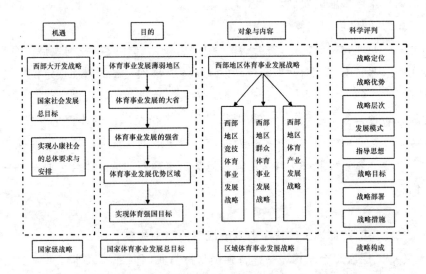

图 8—2 我国西部地区体育事业发展战略结构与体系

第三节 我国西部地区体育事业发展战略选择

一 我国西部地区竞技体育事业发展战略

（一）战略目标

经过 30—40 年的努力，到 21 世纪中叶把我国西部地区竞技体育发展到一个随社会经济发展政府经济投入成倍增长，国内外重大比赛金牌数与奖牌数、优秀运动员与教练员储备、体育场馆设施建设也成倍增加的，使四川、陕西、内蒙古、广西、云南五省区成为国内的竞技体育强省，贵州、重庆、新疆、甘肃四省市区成为占据国内竞技体育水平中上游的竞技体育大省，西藏、青海、宁夏三省区竞技体育水平接近或达到国内竞技体育中游水平，并能够在国内外重大比赛中产生较大影响、占据一席之地，从根本上改变竞技体育水平相对落后的局面，成为我国一个重要的竞技体育区域。

西部地区竞技体育发展战略总体上可分成 3 个阶段实施，即奠定基础阶段、加速发展阶段、全面提升阶段。

奠定基础阶段（2011—2020 年）：

以西部地区各省市区为中心，坚持发展与提高，进一步提高国民体质，建立更加完善的运动员、教练员、科研人员等竞技体育后备人才培养体系，深化竞技体育职业化改革，健全竞技体育市场，搭建多方位、多层次竞技体育发展与展示平台，明显改善后备人才培养不足和拓展发展空间狭小的被动局面，长期坚持与提高对竞技体育的经济投入，尤其是竞技体育薄弱地区及传统优势项目的经济投入，改善薄弱地区的竞技体育环境，巩固并确保现有竞技体育优势区域地位，为迅速提升竞技体育水平打好坚实基础。

加速发展阶段（2021—2030 年）：

西部地区的潜在优势竞技体育项目发挥功效，在奥运会和全运会赛场上获得奖牌总数和金牌等奖牌数量翻一番，并以此建立若干竞技体育快速发展、竞技体育氛围浓厚、竞技体育生态环境良性循环的示范地区和示范城市。通过示范地区和示范城市与周围省份、城市的联合、协作带动竞技体育薄弱地区与城市的提高与发展，构建西部地区的北部（新疆、甘肃、内蒙古）、中部（青海、宁夏、陕西和西藏、四川、重庆）、南部（西藏、云南、广西）以及东部（内蒙古、陕西、重庆、贵州、广西）四大轴点竞技体育协作区域，为西部地区竞技体育发展一体化做好准备和打好基础。

全面提升阶段（2031—2050 年）：

以区域优势项目为出发点，打破区域限制，协同合作，整合与调配各方面竞技体育资源，使人、财、物向优势区域和弱势区域双向流动，在局部与整体上达到统一规划、管理，优势互补的效果，进而实现西部地区竞技体育发展的总体目标。

（二）战略重点

西部地区竞技体育水平的提高与发展，应坚持自身投入与建设发展，以点带面，全面推进与提升的原则，根据竞技体育水平高低区域分布的特点，以"保金、挖潜、兴弱"为突破口，全面提升西部地区竞技体育水平。"保金"即保持在奥运会获得奖牌及全运会获得金牌较多的中心区域四川、陕西等相对竞技体育大省的地位；"挖潜"即提升在全运会上获得银牌和铜牌潜在传统优势项目和突出优势项目区域的新疆—内蒙古—陕西—重庆—贵州—广西一线呈数字"7"形省市区进一步夺取金牌的实力；"兴弱"即全面振兴宁夏、青海、西藏等薄弱竞技体育省区。

（三）战略方针

坚持科学发展，以建设竞技体育强省为导向，依靠政府与社会的经济投入，以优先提高西部地区国民体质战略为基础；发挥西部地区各省市区自身造血功能与竞技体育优势，实施运动员、教练员、科研人员培养与储备的雏鹰待孵战略与保持传统优势项目的金色奖牌战略；提高宁夏、青海、西藏等西部地区竞技体育薄弱区域地位，实施长期重点薄弱区域专项资金扶持战略；通过强强、强弱联合，实施雏鹰展翅战略和金牌提升战略，提高竞技体育水平，确定竞技体育强省和大省地位，最终建立西部地区竞技体育一体化，为建设体育强国服务。

（四）战略部署

根据西部地区省市区的地理位置与各省市区竞技体育水平情况，坚持中心区域和相对优势区域带动与影响弱势区域的发展原则，即一级梯度区域的四川可以向周围邻近的西藏、青海、甘肃、陕西、重庆、贵州、云南7个省市区的二级梯度区域推移；二级梯度区内的内蒙古可以向邻近的甘肃与宁夏三级梯度区域推移，陕西也可以向宁夏、甘肃、重庆等省市区推移，云南和广西可以向贵州推移，其中云南也可向西藏推移；三级梯度区域中的新疆可以向四级梯度地区西藏和青海推移，甘肃可以向青海和宁夏推移。实施以省会城市建立重庆—四川—西藏为点和轴线的主轴线，内蒙古—甘肃—新疆、陕西—宁夏—青海和广西—云南—西藏为辅助轴线的4个西部地区横轴，以陕西—重庆—贵州为纵轴的"四横一纵"西部地区竞技体育发展战略部署。

（五）战略措施

西部地区竞技体育要成为我国一个有重要影响和较高贡献率的区域，按照战略部署，只有建立新的区域合作协调机制，实现"二高（高质量、高速度）、三化（基础化、规模化、现代化）"，才能缩短与竞技体育发达地区的差距。区域新协调机制明确细分为"优先机制""合作机制""互助机制""扶持机制"。优先机制就是一切工作以提高西部地区国民体质为要素，以夯实后备人才储备为基础，先发展薄弱地区，在整体基础上缩小与竞技体育大省和强省的距离；健全合作机制就是鼓励和支持区域间开展形式多样的技术与人才合作，形成以东带西、东中西共同发展的格局；健全互助机制就是要采取对口支援，将优势资源输送到薄弱地区；健全扶持机制就是加大国家对薄弱地区的支持力度，国家和地方政府继续在政策、资金投入等方面加大对中西部地区的支持。总之，就是通过健全区域一体化的协调互动机制，实现西部地区竞技体育水平协调发展提高。

1. 整体科学规划是提高西部地区竞技体育整体水平的先决条件

改革开放之初和实施西部大开发战略以来，西部地区各省市区纷纷出台了当地不同时期的"五年体育事业发展规划"，其中专门提出了竞技体育发展规划。西部地区竞技体育事业的发展着眼于坚持地方小格局并更应放眼于坚持地区大格局，这是社会发展的需要，也是建设体育强国的需要，因此，建立西部地区竞技体育整体规划就显得十分的必要。整体科学规划避免了盲目上项目、低水平重复建设造成资源闲置、求全求大求多导致优势不突出、恶性竞争等问题，在现有布局基础上，根据各区域自然条件、环境容量、优势格局，按发展思路，鼓励人、财、物向本地区和其他地区集中，鼓励跨地区联合与协作，发挥规模效益和环境效益。同时，既能保证西部地区各区域扩大竞技体育水平所需的广阔空间，又能保证西部地区内部相互发展不受影响与干扰，从而用最短的时间实现向竞技体育大省和强省的转变。

2. 人才储备培养与竞技体育环境建设是提高西部地区竞技体育整体水平的重要基础

西部地区竞技体育水平落后源于后备人才储备不足、人才流失、体育场馆设施落后、经济投入不足等众多原因。扩展人才储备，吸引高水平人才，营造高水准体育场馆设施及舒适工作环境，提高工作待遇，是西部地区竞技体育发展的基础保证。因此，当务之急需要制定优惠的人才政策，用事业、感情、环境、优厚待遇留住人才，在工作补贴、退休待遇、家庭安置等方面制定一系列优惠政策加大吸引人才西进的力度。

3. 西部地区内的东西合作与对口支援是提高西部地区竞技体育整体水平的主要途径

落实和执行东中西部合作和对口支援政策，进一步推动西部地区的东部竞技体育优势区域的资金、技术、人才、信息、管理经验等先进生产要素流向中部和西部地区，实行东中西互动协作发展的新兴区域政策。如竞技体育发展要素向东部流动，进而支持东部为中部、西部的发展提供补偿，组织好东中西部地区互惠互利、相对稳定的协作关系，有计划有组织地将人、财、物向中、西部薄弱地区跨地区转移，形成一种新的合作交换补偿机制。

4. 长期的重点区域和重点项目资金扶持是提高西部地区竞技体育整体水平的坚实保障

加快建立并实施中央、省级、市级三级政府体育事业经费 1∶1∶2 配套制度，根据事业发展与竞技体育市场发展，进一步完善针对竞技体育的投融资政策。在相当长的时期内，应使西藏、青海、宁夏等竞技体育薄弱地区的竞技体育相关经费占当地体育事业全额经费的比例平均每年成倍增长；提高优势项目尤其是潜在优势项目的投资比例。建立国家西部地区竞技体育发展专项基金，主要用于体育设施建设、人才储备与培养、奖励突出单位与个人。在条件成熟时，在西部地区内部的西部地区、中部地区和西南地区建立若干竞技体育投资基金，建立 3 个竞技体育交流服务中心，搭建合作交流平台，为西部地区竞技体育腾飞创造条件。

在建设体育强国与实施西部大开发进程中，西部地区的新疆、内蒙古、陕西、重庆、贵州、广西、云南等一线省市区必将成为我国西部地区充满生机和活力的新竞技体育轴带，该轴带的发展对西部地区竞技体育水平整体提高有着重大意义。在新形势下，西藏、青海、甘肃、宁夏等省区竞技体育的发展将直接影响到整个西部地区竞技体育的发展进程与格局，发展西藏、青海、甘肃、宁夏等省区的竞技体育也是重中之重、急中之急的关键任务与环节。对于西部地区整体竞技体育水平的发展与提高应实施"强化基础、优化格局、以轴连点、层次带动、持续发展"的总体发展战略，集中力量发展一批示范区域，对不同发展水平和发展条件的区域采取区别对待、重点投入等不同的建设开发模式，把西部地区作为一个整体，实行区域分工、联合协作，构建充满活力和创造力的可持续发展轴带，推动整个西部地区竞技体育事业的发展。

二　我国西部地区群众体育事业发展战略

（一）战略目标

经过 30—40 年的努力，到 21 世纪中叶把西部地区群众体育发展到随社会经济发展政府经济投入成倍增长，组织管理网络健全，体育人口、体育指导站点、体育社团、体育场馆设施建设也逐年成倍增加，使四川、陕西、内蒙古、广西、云南、重庆、新疆七省市区成为国内的群众体育强省，贵州、甘肃、西藏、青海、宁夏五省区成为国内群众体育大省，使整个西部地区成为我国一个重要的群众体育区域。

西部地区竞技体育发展战略总体上可分为 3 个阶段实施，即奠定基础阶段、加速发展阶段、全面提升阶段。

奠定基础阶段（2011—2020 年）：

以西部地区各省市区为中心，坚持发展与提高，进一步提高国民体质，建立更加完善的群众体育组织网络与群众体育后备人才培养体系，深化群众体育改革，搭建多方位、多层次群众体育发展平台，明显改善体育场馆与专业指导人员不足和活动空间狭小的被动局面，长期坚持与提高对群众体育的经济投入，尤其是竞技体育薄弱地区及传统优势项目的经济投入，改善薄弱地区的群众体育环境，保持并巩固现有群众体育优势区域，为迅速提升群众体育水平与加速发展打好坚实基础。

加速发展阶段（2021—2030 年）：

在本地区的群众体育横向的基础上，建立西部地区不同区域间的群众体育网络建设，让不同省域间、城镇间的群众体育事业得到迅速发展，跨区域连线群众体育工程连年逐步增长并形成区域品牌优势，通过联合、协作带动群众体育薄弱地区与城市的提高与发展，构建相邻省份、城镇间的群众体育协作区域，为西部地区群众体育发展一体化做好准备和打好基础。

全面提升阶段（2031—2050 年）：

整合与调配各方面群众体育资源，打破区域限制，协同合作，使人、财、物在不同区域间双向流动，在局部与整体上达到统一规划、管理、优势互补的效果，进而实现西部地区群众体育发展的总体目标。

（二）战略重点

西部地区群众体育的发展与提高，应继续依靠国家整体投入与坚持自身建设发展，坚持以点带面、点点联合、全面共同推进与提升的原则，根据群众体育区域特点，以"体育场馆设施建设"为突破口，以网络站点建设、人才培养、体育社团组织培育、民族传统体育开发与保护为重点，全面提升西部地区群众体育水平。

（三）战略方针

坚持科学发展，依靠政府与社会的经济投入，以建设群众体育强省为导向，以提升西部地区国民体质为根本目的，发挥西部地区各省市区自身造血功能与群众体育优势，实施群众体育城市包围农村战略，以实施民族传统体育保护与开发战略来丰富本地区的群众体育文化内容；通过省省、市市、城镇采取邻近互助以及联动开展城市（镇）连线特色群众体育发展工程，实施西部地区群众体育齐头并进战略，进而确立群众体育强省和大省地位，最终实现西部地区群众体育事业全面提升和迅速发展，为建设体育强国服务。

（四）战略部署

实现西部地区群众体育的发展与提高，第一，要重点加强西部地区群众体育最为薄弱的青海和西藏的体育场馆、群众体育人才培养以及组织网络等基础建设，通过国家特殊投入与相邻省份的帮扶支持彻底改变青海和西藏群众体育的落后局面。第二，建设西部地区各省市区群众体育组织网络，通过自身的人、财、物的积极储备与释放，提升本地区的群众体育发展水平。第三，通过加强相邻省市区群众体育组织网络横向互助联系，使群众体育的强省四川和内蒙古带动其周边的贵州、青海、西藏等省区和宁夏、甘肃等省区群众体育的发展；群众体育的大省陕西带动宁夏，重庆带动贵州，新疆带动甘肃、青海、西藏等省区，共同推进西部地区群众体育事业的快速发展，从而使整个西部地区快速缩短与经济发达地区群众体育事业的差距，向成为国内重要的群众体育区域快速转变。

（五）战略措施

1. 优先发展群众体育薄弱区域与保障夯实自身发展基础

鉴于青海和西藏是西部地区群众体育最为薄弱的省份及区域，在新形势下，青海、西藏省区的群众体育的发展将直接影响到整个西部地区群众体育发展进程与格局，发展青海、西藏等省区的群众体育也是重中之重、急中之急的关键任务与环节。为此应建立并实施国家、省、市1:1:1配套的青海和西藏地区群众体育发展专项基金，主要用于体育设施建设、人才储备与培养、体育社团组织建设。同时，根据体育事业发展与群众体育市场发展情况，进一步完善针对群众体育的投融资政策，进一步保障青海和西藏群众体育的发展需要。

西部地区12个省市区均应把进一步提高国民体质以及丰富和开展群众体育工作当成首要的任务来完成，因为它是整个地区体育事业进一步发展的力量与源泉。西部地区要想成为国内的群众体育强省，必须重视基层群众体育工作，通过从人上抓、从组织上抓、从制度上抓，从资金上抓等手段，保证完善和补充群众体育所需的配套设施与资金等物质条件，夯实自身发展所需要的基础。根据"打铁需自身硬"的道理尽快向群众体育大省与强省的地位转变，从而全面、快速发展整个西部地区的群众体育。

2. 科学布置网络节点与基层节点功能放大

面对占有国土面积71.4%，拥有全国总人口28%的西部地区，西部地区群众体育工作是一项组织庞大、资金投入多、涉及面广、受益人多的系统工程。西部地区群众体育事业的发展着眼于地区小网络建设并更应放眼于地域大网络建设，这是社会发展的需要，也是建设体育强国的需要。推进西部地区群众体育发展，切实有效地开展群众体育工作，就更需要有一个强有力的、高效运转的、组织完善的群众体育网络来支撑。根据西部地区地广人稀、城市间相距较远、城乡内部相对聚集的特点，按行政管理区域与人口比例设置体育健身指导站、健身锻炼点，在一市、一区（县）、一镇、一乡、一村形成多站多点的群众体育网络格局，满足人民群众体育健身需要，使群众体育网络建设向基层纵深方向发展，进一步丰富群众体育网络节点。

西部地区群众体育事业的发展动力源自于群众体育网络基层节点富有成效的扎实工作。通过户籍补偿、安置家属、工作补助等福利待遇，在边远地区配备在编、专职的社会体育指导员或负责人，使城市中具有专门业务能力的社会指导员向薄弱地区流动，充实和加强基层节点群众体育工作。通过绩效考核，执行奖惩规定，调动其工作积极性，创造性开展群众体育工作。基层节点要摆脱单一的咨询、指导、组织职能模式，采取走出去、请进来，取长补短，在依靠政府下拨经费开展群众体育工作的同时，做好宣传工作，以开放、务实的态度，广泛争取社会物质支持，优化硬件建设，改善工作环境，营造蓬勃向上的群众体育工作氛围。通过"蚂蚁搬山"的方式来共同推动西部地区群众体育事业的发展。

3. 统一部署保证对口支援与互助有序开展

我国自古以来就有互帮互助的美德与文化传统，四川汶川大地震在中央的统一部署下，全国各省市区对汶川的对口支援成果为建设体育强国、发展西部地区群众体育事业提供了一个示范例证。西部地区各省市区应以"健民强国"为己任，采取省—省、市—市、区县—区县的方式，坚持群众体育硬件与软件建设相结合，广泛开展支援工程，以人力、物力、财力、智力等对口支援实物工作量不低于本省市区各地方财政收入 1% 为行政手段，共同促进西部地区群众体育相对薄弱、薄弱省市区群众体育发展，从而开创共同提高的新局面。

4. 局部的群众体育一体化推进带动整个西部地区群众体育快速发展

打破地区行政管理限制，依靠健全的群众体育组织网络，依托相邻地理资源、人文文化传统区域，在某一群众体育活动、某一群众体育项目上联合相邻的省、市、区县共有的群众体育文化，打造局部的群众体育一体化区域。在西部地区内构建多个不同特点、不同特色的群众体育一体化区域，进而形成相互交叉、相互融合、相互支持的区域群众体育网络，从而共同推动西部地区群众体育事业的快速发展。

三　我国西部地区体育产业发展战略

（一）战略目标

随着西部地区体育事业的发展，西部地区体育产业在中远期发展目标上应确定在体育旅游、体育彩票、体育用品制造与销售方面形成主体的、支柱性体育产业格局。在远期发展目标上应确定以体育旅游、体育彩票、体育用品制造与销售为主，以体育竞赛表演、体育餐饮、体育培训与中介、体育销售网络为辅的产值高、社会效益好的西部新兴体育产业始发、快速增长区域。具体来说就是经过 30—40 年的努力，到 21 世纪中叶使西部地区体育产业发展产值达到当时西部地区国民生产总值的 1%—1.5%。体育彩票销售量达到现在销售量的 4 倍，体育场馆建筑业能满足西部地区人民群众体育健身的需求，体育器材与制造业产值达到我国其他地区的中层水平，体育器材销售基本覆盖西部地区，体育旅游也在全国位居前茅，成为我国体育产业发展的一个重要的、国民生产总值位居全国前列的地区。

西部地区体育产业发展战略总体上可分为 3 个阶段实施，即奠定基础阶段、加速发展阶段、全面提升阶段。

奠定基础阶段（2011—2020 年）：

以西部地区各省市区为中心，坚持发展与提高，继续提高体育彩票销售量，优化与组合体育产业结构，培育体育产业市场，健全体育产业市场法制，增强体育产业市场的抗风险能力，尝试建立省市区间的体育产业联盟，搭建局部地区体育产业发展平台，勾画体育旅游发展路线图，为西部地区体育产业的加速发展奠定社会基础。

加速发展阶段（2021—2030 年）：

以西部地区各省市区为中心，坚持"中心城市向乡村扩展"，占据本地区体育产业市场，依托经济社会发展条件，依托"惠民健身工程"，为西部地区提供广阔的体育场馆、体育制造业、体育用品销售业等资源，基本形成体育产业市场一体化，各省市区成为体育产业发展的大省、强省。

全面提升阶段（2031—2050 年）：

整合与调配体育产业资源，打破区域限制，协同合作，使体育产业发展在局部与整体上达到统一规划、共享市场空间、产业效益分享的优势互补局面，进而实现西部地区体育产业发展的总体目标。

（二）战略重点

依托西部地区体育建筑业和体育制造业的高速建设发展期，坚持依靠国家政策与投入，坚持自身发展建设，依靠西部地区自然禀赋优势，重点打造西部地区体育旅游业一体化发展局面，带动西部地区体育产业的快速发展。

（三）战略方针

以提高西部地区人民群众国民体质、身体健康水平为目的，坚持"城镇包围乡村"体育产业发展路线，以"城市"为点，实施向中小城镇、乡村发展的"纵深发展战略"，通过"点点"联合联动，打造地区优势，实施做强、做大如体育彩票业、体育用品制造业、体育用品批发与零售业的"单一发展战略"，通过政府协调，共享体育产业资源，进而确立以体育旅游业为代表的体育产业发展大省以及提高西部地区体育产业地位，为建设体育强国服务。

（四）战略部署

西部地区体育产业的发展与提高，第一，应加强体育场馆建设，先满足西部地区人民群众体育健身的需要。第二，搭建体育产业链条与形成体育产业市场，保证西部地区体育产业健康发展。第三，加强与倡导"无烟工业"的体育彩票业和体育旅游业的发展，以投入小、收益快、效益好的特点，快速形成西部地区体育产业的发展特色。第四，通过西部地区各省市区的自身调节，调整体育产业结构，找到适合自己发展的体育产业快速发展之路。第五，西部地区内的体育产业联盟、市场联动为西部地区体育产业一体化，尤其是体育旅游业的一体化创造有利条件，向地区体育产业强省快速迈进。

（五）战略措施

1. 优先发展体育场馆建筑业

西部地区的体育场馆设施人均保有量低于全国平均水平，是国内最为薄弱的区域。随着西部地区经济条件的改善，人民生活水平的提高，对体育场馆设施的需求也势必高于以往。西部地区体育场馆设施的建设在国家、各级政府的支持与投入下，可采取社会融资的策略，建设体育场馆，满足人民群众健身需要，从而带动体育产业制造、销售等链条的快速发展。

2. 体育产业市场层次化覆盖

西部地区体育产业的发展应注重城市市场化建设，以各省市区为节点，建立省、市、乡镇一级、二级、三级体育产业市场，自大向小、自宽向细扩展体育产业市场。部分省市区的体育产业市场联合，组建西部地区的体育产业超级市场，达到体育产业市场的全覆盖，为从事体育产业的企业提供一体化发展空间，为人民群众提供优质的体育产业服务。

3. 调整结构打造特色

西部地区的经济发展由于存在明显的不均衡性，各省市区的各种条件也不尽相同，民族习惯与习俗差异较大，这也为西部地区体育产业的差异化、特殊化发展提供了可能。这就需要细化体育产业结构，细分体育产业市场，发挥自身优势，扬长避短，以局部优势打造地区优势，以特殊、特色主体体育产业带动其他体育产业发展，相辅相成，共同推进，提高体育产业的社会贡献率，达到共同繁荣发展体育产业的目的。

结　论

我国西部地区体育事业是实现体育强国目标过程中的重要组成部分。实现体育强国目标离不开西部地区体育事业的支持。我国西部地区体育事业发展战略将以实现体育强国目标为指南，在西部大开发的背景下，客观、科学地评价自身体育事业的发展优势与不足，借鉴并运用经济学理论，创建体育事业快速发展模式，构建体育事业发展战略。

一　体育强国目标下的西部地区体育事业发展从弱势区域到优势区域的转变

近一个世纪以来，我国西部地区始终以我国发展的战略大后方的姿态出现在国人眼前。新中国成立特别是改革开放给我国西部地区的经济社会发展带来了勃勃生机，西部大开发战略的实施使西部地区各项事业得到了快速发展。我国西部地区体育事业的发展是在一穷二白的基础上起步的，西部地区体育事业的基础差、底子薄是人们的共识。

自20世纪80年代以来，西部地区的竞技体育开始在国内崭露头角，经过30年的努力，除西部地区的四川一枝独秀外，其他11个省市区的竞技体育成绩还大部分处于国内末流水平，而且四川的竞技体育水平也处于全国中等偏上水平。现在，陕西、重庆、内蒙古等省市区的竞技体育水平正在逐步提升，但甘肃、西藏、新疆等省区的竞技体育水平仍处于末流。在群众体育事业方面，四川的整体投入仅达到全国的平均水平，西藏、新疆、甘肃等6个省市区的群众体育投入还低于西部地区平均水平。体育产业除了体育彩票业发展迅速外，其他各项体育产业均低于全国体育产业国民生产总值平均水平。整体上来看，我国西部地区的体育事业在全国的体育事业发展中处于弱势。

实现体育强国目标具体的要求是体育事业相关的各个领域均衡协调发展，从而提高体育事业的综合整体实力与水平。对于我国西部地区而言，现阶段应加快从体育事业弱势区域向国内优势区域转变，具体来说就是体育事业发展的弱省（市区）加快向体育事业发展的大省转变，体育事业发展的大省向体育事业发展的强省转变，其中，竞技体育、群众体育、体育产业、体育文化的发展是西部地区体育事业发展及实现国家整体体育实力与水平的关键。

加快我国西部地区向优势区域转变及向大省、强省转变，需要做到以下几点：

第一，以民为本，加大投入，确保全民健身的需求及提高全民健身活动质量。我国西部地区拥有众多的人口，但体育设施配套却明显低于全国平均水平。民强才能国强，这个道理要求西部地区各级政府加强体育公共设施建设及社会体育指导人力资源的投入。只有坚持以民为本，加大对群众体育事业的投入，全民参与健身，丰富全民健身活动内容，提高全民健身活动质量，才能实现由弱到强，向体育大省、强省转变，加快实现体育强国目标进程。

第二，巩固优势，挖掘潜力，全面提高竞技体育竞争实力与水平。通过前面的分析，我国西部地区在竞技体育的体操、摔跤、跆拳道、拳击等项目上有较强实力和不俗表现，但在田径、游泳等大项目、金牌多的项目上则处于劣势，而且在职业体育的发展上也相对落后。我国西部地区竞技体育发展既要保持优势项目、拳头项目的优势，又要注重大项目、金牌多的项目的后续人才培养与筹备，制定政策，吸引人才，调整和优化竞技体育项目结构，科学搭配体育各类专业人员，建立协调与奖励机制，以集中优势、雄厚后备人才筹备、先进训练方法和手段、全方位的后勤物资保障等西部地区竞技体育发展特点在国内、国际赛场上大放异彩，以达到快速提升西部地区竞技体育实力与水平的目的。

第三，抓住机遇，依托资源，打造体育产业发展特色。我国西部地区大开发战略的实施以及全民健身上升为国家战略的时代背景，给我国西部地区体育产业发展提供了千载难逢的发展机遇。改革开放以来，随着西部地区全民生活质量的逐步提高，虽然我国西部地区体育产业起步较晚，体育产业市场及产值仍低于全国平均水平，但西部地区拥有广博的旅游资源及少数民族体育文化传统，这给西部地区体育产业的发展提供了全国其他地区所没有的体育产业市场与资源优势。快速开发与利用，快速开发与产出产值，经济快速发展给西部地区体育产业发展提供了时间上的优势，这为西部地区体育产业差异化、特殊化发展提供了可能。发挥自身优势，扬长避短，以局部优势打造地区优势，以特殊、特色主体体育产业带动其他体育产业发展是打造西部地区体育产业发展特色的根本办法与途径。

第四，保护与挖掘少数民族传统体育文化，全面促进体育文化繁荣。我国西部地区拥有众多的少数民族，同时也是我国最大的少数民族聚居区。自古以来，我国西部地区形成了源远流长、内容丰富的少数民族体育文化，随着现代体育文化的传入，我国西部地区的少数民族体育传统文化正遭受强大冲击，少数民族体育文化正在以惊人的速度消失，少数民族体育文化的保护已刻不容缓。保护与挖掘少数民族传统体育文化利在当代，功在千秋。对少数民族传统体育文化的保护与挖掘既要发挥市场作用，又要借助现代科技手段，达到吸引、传播和提升国际体育文化影响力的目的，使现代体育文化与西部地区少数民族传统体育文化共存、共荣，全面促进、提升中华体育文化繁荣昌盛。

二　我国西部地区体育事业发展的社会人文资源优势

我国西部地区拥有漫长的边境线，与十余个国家接壤，中国古代的"丝绸之路"贯穿东西，给东西方交流带来了便利条件。国家提出的"西部大开发战略"，给西部地区的发展提供了良好政策资源，能够使西部地区社会发展少走弯路，直接步入快速发展轨道。西部地区地广人多，聚集了丰富的人力资源，拥有其他省市区无法比拟的山川河流，物产丰富。西部地区少数民族体育传统文化独树一帜，种类繁多，灿烂纷呈。这些社会人文资源的优势，势必给西部地区体育事业的发展带来广阔的空间，给西部地区体育事业的建设与发展提供坚实的人力与物力基础，为西部地区体育事业快速发展及特色发展提供与众不同的强力支撑。

三　我国西部地区体育事业发展战略的构建

我国西部地区体育事业发展战略的制定着眼于服务和服从实现体育强国目标需要。首先要满足西部地区人民群众全民健身的需要，即优先发展群众体育事业，进一步体现"以民为本"原则，以竞技体育事业的发展为推进动力，带动群众体育事业发展，以群众体育事业的发展为纽带带动体育产业的快速发展，以体育产业的发展所取得的社会效益和经济效益反哺竞技体育事业和群众体育事业，进而全面提高西部地区体育事业的发展水平。

我国西部地区体育事业的发展明显呈现西部地区"东部强于中部，中部好于西部"的地理区域特征。其体育事业快速发展模式相对于各省市区而言，可以选择单一的优势省份向周围省份扩散的增长极模式，或者省市区之间建立网络连带发展模式，也可以确定东部向中部、中部向西部梯度发展的模式。根据西部地区西部体育事业发展较为薄弱的特点，可以给予特殊的政策与资金投入支持，反梯度地发展西部地区体育事业。在实现体育强国目标的指引与协调下，保持各省市区的、彼此城市的体育事业齐头并进的发展态势，进而实现西部地区体育事业发展一体化，全面提高西部地区体育事业发展水平。

我国西部地区体育事业发展战略的制定还是以实行"全民战略"为首要。具体来说就是以强民为根本，以强民为基础，在竞技体育事业发展上依托强民资源，为竞技体育事业发展提供后备力量、可持续发展力量；在群众体育事业发展上，以民为基点，以村、乡镇、城市为节点，建立全民健身网络；在体育产业发展上，结合实际，走城市包围乡镇的道路。我国西部地区体育事业发展战略的目标就是建立西部地区体育事业发展一体化，满足小康社会人民群众对体育文化的需求，进一步加快向体育事业大省、强省转变及实现体育强国目标的迈进速度并缩短实现体育强国目标的进程。

四 我国西部地区体育事业发展战略制定的追踪与监控调整

我国西部地区体育事业发展战略的制定是建立在对西部地区各项体育事业发展情况的比较及借鉴部分经济学理论基础上的一种理论论述，对于制定我国西部地区体育事业发展战略还带有片面性和局限性，具体问题的研究还是不够细致，能否真正起到指导作用，还有待于今后的实践检验。

我国西部地区体育事业发展战略的制定，还需要把战略的基本思路、内容和主要指标体系分解成年度计划、发展规划，并使计划与规划有机协调，保证战略的整体性和科学性。实施我国西部地区体育事业发展战略要保证战略制定部门、实施部门、专家与领导之间密切合作，及时反馈战略实施中存在的主要问题并及时积极解决问题的方案、措施、对策，保证我国西部地区体育事业发展战略在动态调整中日趋完善，以便有效发挥体育大省、强省在实现体育强国目标中的作用。

参考文献

专著

［1］国家体育总局：《改革开放 30 年的中国体育》，人民体育出版社 2008 年版。

［2］国家体育总局政策法规司：《体育事业"十二五"规划文件资料汇编》，人民体育出版社 2011 年版。

［3］郭明强《奥运中国——走向辉煌 2008》，体育科学出版社 2007 年版。

［4］谢英：《区域体育资源研究——理论与实践》，科学出版社 2009 年版。

［5］国家体育总局政策法规司：《国家体育总局体育哲学社会科学研究成果汇编》，人民体育出版社 2009 年版。

［6］肖林鹏：《中国竞技体育资源调控与可持续发展》，北京体育大学出版社 2006 年版。

［7］杨桦等：《竞技体育与奥运备战重要问题的研究》，北京体育大学出版社 2006 年版。

［8］国家体育总局政策法规司：《2008 年北京奥运会的理论与实践》，人民体育出版社 2005 年版。

［9］徐本力：《21 世纪中国竞技体育》，北京体育大学出版社 2001 年版。

［10］梁晓龙、杨卫东：《新中国体育概述》，苏州大学出版社 2012 年版。

［11］国家体育总局：《拼搏历程　辉煌成就——新中国体育 60 年》，人民出版社 2009 年版。

［12］仇军：《中国体育人口的理论探索与实证研究》，北京体育大学出版社 2002 年版。

［13］李先国：《群众体育文化创新与体育强国构建》，上海交通大学出版社 2013 年版。

［14］冯火红：《2008 年北京奥运会后我国群众体育政策调整研究》，北京体育大学出版社 2011 年版。

［15］王继光：《我国体育社团的现状与发展对策研究》，北京体育大学出版社 2008 年版。

［16］肖林鹏：《社会体育管理》，北京体育大学出版社 2005 年版。

［17］冯火红：《我国地方政府社会体育政策研究》，北京体育大学出版社 2008 年版。

［18］杨贵仁：《中小学体育改革的理论与实践》，高等教育出版社 2006 年版。

［19］龚正伟：《学校体育改革与发展论》，北京体育大学出版社 2002 年版。

［20］黄莉：《中华体育精神研究》，北京体育大学出版社 2008 年版。

［21］翁惠根：《体育教育改革与探索》，浙江大学出版社 2005 年版。

［22］章罗庚：《校园体育文化》，湖南大学出版社 2009 年版。

［23］国家体育总局：《中国体育年鉴 2009—2010》，中国体育年鉴社 2012 年版。

［24］李建平、李闽榕、高燕京：《中国省域经济综合竞争力发展报告（2008—2009）》，社会科学文献出版社 2012 年版。

［25］中国科技发展战略研究小组：《2002 中国区域创新能力报告》，经济管理出版社 2003 年版。

［26］汝信、陆学艺、李培林：《2010 年中国社会形势分析与预测》，社会科学文献出版社 2009 年版。

［27］武友德、潘玉君：《区域经济学导论》，中国社会科学出版社 2004 年版。

［28］吴殿廷：《区域经济学》，科学出版社 2003 年版。

［29］梁吉义：《区域经济通论》，科学出版社 2009 年版。

［30］陆大道、樊杰、刘毅等：《2002 中国区域发展报告——战略性结构调整与区域发展新格局》，商务印书馆 2003 年版。

［31］国务院发展研究中心产业经济研究部：《2002 中国产业发展跟踪研究》，华夏出版社 2002 年版。

［32］周冯琦：《中国产业结构调整的关键因素》，上海人民出版社2003年版。

［33］魏小安：《产业发展新论》，中国旅游出版社2002年版。

［34］焦兴国：《产业塔论》，经济科学出版社2003年版。

［35］厉无畏、王振：《中国沿海地区产业升级》，上海财经大学出版社2002年版。

［36］陈甬军、陈爱民：《中国城市化：实证分析与对策研究》，厦门大学出版社2002年版。

［37］北京国际城市发展研究院：《中国数字黄皮书》，中国时代经济出版社2003年版。

［38］北京国际城市发展研究院：《中国国情报告——体验"两会"问题中国新语态》，中国时代经济出版社2003年版。

［39］北京国际城市发展研究院：《中国国情报告——解读"两会"数字中国新时态》，中国时代经济出版社2003年版。

［40］国家体育总局政策法规司：《体育软科学研究成果汇编》，人民体育出版社2005年版。

［41］傅砚农、曹守和：《新中国体育指导思想研究》，人民出版社2012年版。

［42］聂华林、高新才：《区域发展战略学》，中国社会科学出版社2006年版。

［43］方创琳：《区域发展战略论》，科学出版社2002年版。

［44］郑木清：《论区域共同繁荣》，人民出版社2009年版。

［45］李善同：《西部大开发与地区协调发展》，商务印书馆2003年版。

［46］国家体育总局政策法规司：《体育产业战略研究》，人民体育出版社2008年版。

［47］国家体育总局干部培训中心：《构建和谐社会与体育改革发展》，北京体育大学出版社2007年版。

［48］国家体育总局干部培训中心：《坚持科学发展观　促进体育改革发展》，北京体育大学出版社2006年版。

［49］国家体育总局干部培训中心：《中国体育科学发展研究》，北京体育大学出版社2010年版。

［50］国家体育总局干部培训中心：《体育改革与战略思考》，北京体育大

学出版社 2005 年版。

[51] 周传志：《当代中国体育的科学发展观研究》，北京体育大学出版社 2009 年版。

[52]《体育大国向体育强国迈进的理论与实践研究》课题组：《体育强国战略研究》，人民体育出版社 2010 年版。

[53] 中国科学学会学术部：《中国体育：体育强国的辨析与建设》，中国科学技术出版社 2009 年版。

期刊

[1] 马志强：《我国西部地区体育事业发展现状分析》，《中国体育科技》 2003 年第 9 期。

[2] 舒为平：《西部大开发与四川体育发展对策研究》，《成都体育学院学报》2007 年第 5 期。

[3] 刘玲：《广西体育可持续发展战略研究》，《体育科技》2002 年第 4 期。

[4] 陈小伟、谢慧松、张成：《我国西部地区竞技体育发展分析》，《体育文化导刊》2009 年第 1 期。

[5] 王庆伟、任海：《陕西、甘肃两省关于"竞技体育举国体制"问题调查报告》，《西安体育学院学报》2005 年第 3 期。

[6] 王新、张维庆：《甘肃竞技体育后备人才培养及可持续发展》，《河西学院学报》2006 年第 2 期。

[7] 谢强：《广西竞技体育可持续发展战略研究》，《体育科技》2005 年第 1 期。

[8] 余万斌：《四川竞技体育后备人才培养研究》，《体育文化导刊》2008 年第 8 期。

[9] 刘青、赵峻岭：《四川省竞技体育现状及发展对策研究》，《体育科学》2007 年第 10 期。

[10] 魏万珍：《四川省竞技体育教练员队伍现状调查与对策研究》，《成都体育学院学报》2006 年第 3 期。

[11] 周力全、林略等：《全面协同促进重庆竞技体育水平发展》，《体育科学研究》2007 年第 4 期。

[12] 刘秀峰、亚夏尔·阿不力米提、任力：《新疆竞技体育可持续发展

研究》,《北京体育大学学报》2009 年第 7 期。

[13] 刘秀峰、任力:《新疆竞技体育重点项目后备人才培养现状及可持续发展研究》,《新疆师范大学学报》2009 年第 1 期。

[14] 温志宏、谭宏赛:《关于西部体育旅游业的现状及发展对策研究》,《生产力研究》2006 年第 3 期。

[15] 雷敏、史兵、郑传锋:《体育产业成为陕西省新的经济增长点的可行性分析及其发展对策研究》,《福建体育科技》2005 年第 5 期。

[16] 刘秀峰:《新疆竞技体育实力的制约因素及优势项目变迁的启示》,《北京体育大学学报》2003 年第 2 期。

[17] 陈明、陈剑锋、郭晓峰:《内蒙古竞技体育可持续发展战略研究》,《内蒙古师范大学学报》2007 年第 2 期。

[18] 贺新成、耿小平、巴特:《内蒙古自治区竞技体育基层教练员现状调查》,《中国体育科技》2003 年第 6 期。

[19] 高素霞:《新时期内蒙古群众体育发展特征及对策研究》,《赤峰学院学报》2007 年第 1 期。

[20] 张庆建:《重庆竞技体育发展战略窥探》,《武汉体育学院学报》2003 年第 3 期。

[21] 刘峰:《陕西省重点竞技体育项目现状与可持续发展的制约因素分析》,《辽宁体育科技》2009 年第 2 期。

[22] 郭林、马红霞、苏明理:《陕西省竞技体育教练员、运动员现状的调查研究》,《西安体育学院学报》2008 年第 5 期。

[23] 郭林:《我国西北地区竞技体育人力资源状况及对策——以陕西省竞技体育为例》,《北京体育大学学报》2009 年第 7 期。

[24] 方程:《论陕西竞技体育发展模式的内部影响因素》,《首都体育学院学报》2009 年第 5 期。

[25] 赵云书:《重庆市农村群众体育锻炼现状调查与分析》,《中山大学学报论丛》2007 年第 1 期。

[26] 董福春、李旭天:《新疆乡镇群众体育多元化服务体系的构建研究》,《兵团教育学院学报》2007 年第 4 期。

[27] 杨海晨、黎晓萍:《广西新农村建设中乡镇群众体育管理现状与发展趋势分析》,《中国体育科技》2009 年第 2 期。

[28] 徐标、潘兰芳:《广西农村群众体育锻炼现状的研究》,《辽宁体育

科技》2005 年第 4 期。

[29] 霍红、孙淑惠：《西藏自治区群众体育的现状调查及发展规划》，《成都体育学院学报》2001 年第 6 期。

[30] 史明娜、何颖欣：《影响四川省居民参加体育锻炼的因素分析》，《四川体育科学》2010 年第 3 期。

[31] 杨展加、李威生：《21 世纪四川省青少年体育发展战略对策研究》，《成都体育学院学报》2001 年第 1 期。

[32] 龙正印、卢永雪：《民族体育在四川省少数民族城镇开展现状的调查分析》，《四川体育科学》2005 年第 3 期。

[33] 孙仲春：《四川地区农村体育现状调查与对策研究》，《新西部》2009 年第 20 期。

[34] 王春英、柳若松：《陕西乡镇政府在农村体育中的作用研究》，《西安体育学院学报》2006 年第 1 期。

[35] 谷崎、王震：《陕西省农村群众体育开展的现状》，《体育学刊》2003 年第 5 期。

[36] 石江年：《西部地区群众体育现状分析及发展对策研究》，《四川体育科学》2004 年第 2 期。

[37] 赵长军、许明荣、蒋玲、梁方方：《广西竞技体育市场开发的战略研究》，《广西大学学报》2008 年第 5 期。

[38] 刘玲、傅丽娜、黄月霄：《广西体育产业现状、趋势与对策研究》，《体育科技》2003 年第 1 期。

[39] 王兴怀：《西藏体育产业区位优势与产业布局模式的研究》，《商场现代化》2009 年第 1 期。

[40] 张明兴：《发挥资源优势发展特色体育产业——关于促进西藏登山业可持续发展的思考》，《西藏体育》2005 年第 2 期。

[41] 蒋钢强、童建红：《广西体育产业要素禀赋特征及布局研究》，《上海体育学院学报》2009 年第 6 期。

[42] 黄超、刘玲：《广西体育产业可持续发展战略研究》，《体育科技》2005 年第 2 期。

[43] 赵建林、张晶：《发展少数民族传统体育　开拓新疆特色体育产业》，《新疆大学学报》2000 年第 3 期。

[44] 高扬：《四川省体育产业化发展的研究》，《产业与科技论坛》2007

年第 12 期。

[45] 文格西、田军谊：《四川地区民族传统体育旅游开发研究》，《四川体育科学》2009 年第 4 期。

[46] 牛玲、惠蜀、张国力：《发展壮大四川省体育旅游产业的研究》，《体育科学》2006 年第 2 期。

[47] 胡艳丽：《四川发展体育旅游的 SWOT 分析及对策研究》，《四川体育科学》2007 年第 4 期。

[48] 张世威：《重庆市区域性中心城市体育产业的社会学分析》，《重庆三峡学院学报》2007 年第 2 期。

[49] 云学容：《四川体育旅游资源开发研究》，《体育文化导刊》2008 年第 7 期。

[50] 朱建伟、李朝晖：《四川省体育产业发展战略研究》，《成都体育学院学报》2004 年第 5 期。

[51] 饶远、张云钢、田世昌：《我国西部体育产业状况与发展模式探索——以云南体育产业发展研究为例》，《体育科学》2006 年第 3 期。

[52] 龙明莲、闫保庆、王锋：《对贵州竞技体育滞后因素的探析》，《北京体育大学学报》2003 年第 4 期。

[53] 李森：《利用贵州民族体育优势推动贵州体育产业发展》，《贵州民族研究》2008 年第 4 期。

[54] 张世威：《重庆区域中心城市体育产业发展的优势及效应分析》，《重庆文理学院学报》2007 年第 6 期。

[55] 梁建平、董德龙：《重庆体育产业现状及快速发展增长点研究》，《山东体育学院学报》2007 年第 3 期。

[56] 周清明、周咏松：《成渝地区体育产业一体化开发的政府合作机制研究》，《成都体育学院学报》2008 年第 11 期。

[57] 同英、王智平：《重庆市居民体育消费现状调研》，《中国体育科技》2003 年第 5 期。

[58] 杨涛：《陕西省不同区域体育产业发展模式研究》，《中国体育科技》2009 年第 5 期。

[59] 羿翠霞、李法伟：《论陕西省体育产业的可持续发展》，《科技信息》2008 年第 14 期。

［60］曹锋华、赵东平：《重庆体育产业发展的快速增长点研究》，《山东体育学院学报》2009 年第 4 期。

［61］王伟、范爱琼：《体育产业支撑重庆一小时经济圈的对策初探》，《探索》2007 年第 2 期。

［62］马迅、白跃世、魏鹏娟：《陕西体育产业资本市场投融资发展现状与政策研究》，《特区经济》2008 年第 3 期。

［63］卢耿华、刘新民：《陕西省小康社会建设时期体育产业发展的政策选择》，《西安体育学院学报》2006 年第 9 期。

［64］雷敏：《陕西省体育消费现状调查与问题分析》，《福建体育科技》2003 年第 4 期。

［65］陈彦、姜健：《陕西省体育产业发展现状及其制约因素》，《武汉体育学院学报》2006 年第 3 期。

［66］兰贵秋、张玉改：《四川体育旅游的优势分析与战略选择》，《商场现代化》2005 年第 7 期。

［67］洪伟：《甘肃竞技体育发展特征研究》，《体育文化导刊》2009 年第 1 期。

［68］刘秀峰、沈林：《新疆竞技体育重点项目后备人才培养现状及发展构想》，《北京体育大学学报》2005 年第 3 期。

［69］李晓英、王润平、许觉民：《内蒙古竞技体育人才现状及发展对策研究》，《中国体育科技》2003 年第 10 期。

［70］程钰娟：《论重庆市竞技体育影响因素》，《科技创新导报》2008 年第 4 期。

［71］高民绪：《重庆市竞技体育发展战略研究》，《体育科技文献通报》2006 年第 12 期。

［72］姜彩楼：《陕西省高水平竞技体育后备人才训练现状分析》，《西安体育学院学报》2005 年第 4 期。

［73］黄瑞霞：《陕西省教练员人才政策与竞技体育可持续发展的研究》，《武汉体育学院学报》2005 年第 10 期。

［74］陈西玲：《陕西竞技体育发展态势及对策的研究》，《西安体育学院学报》2007 年第 4 期。

［75］刘官元、王进：《重庆市城市社区体育现状调查与对策研究》，《河北体育学院学报》2008 年第 1 期。

[76] 李娟、黎晓萍：《广西新农村建设中乡镇群众体育的现状调查分析——以邕宁、武鸣为调研个案》，《体育科技》2008 年第 4 期。

[77] 霍红、孙淑惠：《西藏自治区群众体育研究论纲》，《成都体育学院学报》2000 年第 2 期。

[78] 屈德新：《体育设施配建与发展对策研究》，《体育世界》2007 年第 3 期。

[79] 温和琼：《云南基层群众体育管理体制的现状及发展对策研究》，《科技创新导报》2009 年第 3 期。

[80] 杨放、陈红梅：《民族体育产业化政策支撑与社会环境分析——广西与东盟各国民族体育产业互动发展研究》，《广州体育学院学报》2006 年第 4 期。

[81] 钟学思：《基于"文化广西"建设下的广西民族体育旅游发展战略研究》，《体育科技》2005 年第 4 期。

[82] 杨德云：《北部湾（广西）经济区体育产业区域整合研究》，《区域经济》2008 年第 10 期。

[83] 王海林：《青海体育旅游产业发展模式刍议》，《青海民族学院学报》2006 年第 2 期。

[84] 翟伟：《我国加入 WTO 后新疆体育产业面临的机遇与挑战》，《乌鲁木齐职业大学学报》2002 年第 2 期。

[85] 马慧敏、孙忠伟：《新疆体育旅游资源开发及可持续发展战略》，《体育学刊》2009 年第 7 期。

[86] 刘建中：《四川山区旅游资源特征与体育旅游开发研究》，《商场现代化》2009 年第 4 期。

[87] 沈阳：《云南少数民族体育产业发展进程探索》，《云南民族学院学报》2001 年第 3 期。

[88] 丛湖平、郑芳：《我国西部体育产业区域发展的策略选择——以云南体育产业区域发展研究为例》，《中国体育科技》2002 年第 3 期。

[89] 姚鑫、洪邦辉、刘金凤：《"多彩贵州"体育旅游产业的现状与发展路向》，《商场现代化》2008 年第 3 期。

报纸

[1] 李满福：《甘肃群众体育工作今年重点——农民健身工程》，《甘肃日

报》2006 年 3 月 10 日第 2 版。

［2］韦宇怡：《广西体育产业启动新战略》，《中国经济时报》2009 年 5
月 4 日第 8 版。

［3］唐仲蔚、顾植红：《国家决定建设环青海湖民族体育圈》，《中国旅游
报》2003 年 12 月 29 日第 7 版。

［4］钱荣：《环湖赛：让体育成为青海的创新产业》，《经济参考报》
2007 年 7 月 20 日第 7 版。

［5］娜仁：《内蒙古：体育产业蕴藏巨大商机》，《中国信息报》2005 年
12 月 8 日第 3 版。

［6］王斌：《宁夏竞技体育路在何方》，《华兴时报》2009 年 11 月 2 日第
1 版。

［7］丁建峰：《宁夏竞技体育艰难突围》，《华兴时报》2006 年 8 月 9 日
第 1 版。

［8］谢勇强：《村村都有篮球场　沙漠体育渐升温　宁夏群众体育凸显地
域特色》，《中国体育报》2006 年 11 月 9 日第 1 版。

［9］李刚：《体育下乡篮球进村宁夏群众体育好戏连台》，《宁夏日报》
2005 年 3 月 2 日第 2 版。

［10］周志忠：《重新认识沙漠，开展民俗、体育和风光旅游相融合的沙
漠体育运动，并逐渐形成产业——宁夏利用沙漠健身》，《人民日
报》2007 年 1 月 24 日第 12 版。

［11］许珂：《强化优势打造品牌云南体育产业突出高原特色》，《中国体
育报》2004 年 4 月 3 日第 2 版。

［12］陈万欣、王陆保、陈宇：《奏响贵州体育的时代强音——遵义市体
育事业局加快体育产业发展步伐，积极构建面向大众服务体系纪
实》，《经济信息时报》2009 年 12 月 18 日第 5 版。

致　　谢

　　本书系国家社会科学研究基金项目"体育强国目标下的区域体育发展战略研究"的子课题研究成果，从论证设计到书稿的形成历时3年，其间所取得的研究成果为此书的完成打下了坚实基础。在书稿的形成期间，得到了部分省市体育局和高校科研部门与领导、体育学教授、经济学理论专家以及本课题组成员的大力支持和帮助。

　　感谢国家社会科学研究基金项目"体育强国目标下的区域体育发展战略研究"的主持人邹师教授，是他给我了一次难得的研究机会，并给予了悉心指导，他的细致耐心和高超的学术造诣给了我巨大的影响和激励。

　　感谢沈阳师范大学的王志文教授，对我文稿中的经济学理论运用辨析进行讲解并提出修改意见，使我能够从对经济学理论的肤浅认识快速提升到具体实例运用，使本书在借鉴应用经济学理论上达到了一个新高度。

　　感谢沈阳师范大学李安娜副教授，为我提供了一个西部地区竞技体育优势项目的聚类分析方法以及一些具体数据，使我对西部地区竞技体育优势项目及竞技体育优势项目区域分布的分析更加科学。

　　感谢国家体育总局政策与法规司和沈阳师范大学图书馆，为我查阅、收集、提供了有关我国西部地区体育科学研究的文献与书籍，使本书所用的数据与信息比较完整和真实。

　　感谢四川省体育局、重庆市体育局等部门的领导，其对本书中有关战略发展问题的可行性辨析与建议，使我国西部地区体育事业发展战略能更适合本地区发展的需要并具有可操作性。

　　感谢"体育强国目标下的我国西部地区体育事业发展战略研究"课题组的成员，由于你们的辛勤努力，保证了研究任务与书稿校对工作的完成。

感谢中国社会科学出版社，对于此书的大力支持，特别感谢赵丽编辑为该书的出版付出的辛勤劳动。

在此我衷心地向上面提及的单位与个人表示最诚挚的感谢！

本书只是我研究我国西部地区体育事业发展战略的一个阶段性成果，也是我向更深层次研究目标迈进的开始。我国西部地区现在是经济较为活跃的地区，同时也是体育事业发展最快的区域。西部地区在体育事业发展过程中具有多样性和不均衡性，有许多待研究的问题，这就预示着我还要继续努力，争取在这一研究领域取得更大的进展，为西部地区体育事业的发展与建设再尽微薄之力。由于个人能力有限，本书难免有疏漏和不足之处，与各位专家和读者的要求还有一定的距离，我会在今后的研究工作中继续努力。

石云龙

2014 年 5 月 23 日于沈阳师范大学